Emsland-Route

Auf einer Rundtour durch das Emsland

VERLAG**ESTERBAUER**

bikeline®-Radtourenbuch kompakt
Emsland-Route
© 2022, **Verlag Esterbauer GmbH**
A-3751 Rodingersdorf, Hauptstr. 31
Tel.: +43/2983/28982-0, Fax: -500
E-Mail: bikeline@esterbauer.com
www.esterbauer.com
1. Auflage 2022
ISBN 978-3-7111-0015-3
Bitte geben Sie bei jeder Korrespondenz die ISBN an!

Umschlagbilder: Bild gr.: Michael - stock.adobe.com; Bild kl. oben: EKH-Pictures - stock.adobe.com; Bild kl. unten: © LianeM - Fotolia
Bildnachweis: s. S. 174

Dank an alle, die uns bei der Erstellung dieses Buches tatkräftig unterstützt haben.

Das *bikeline*-Team: Birgit Albrecht-Walzer, Katharina Amon-Schneider, Katrin Baumhauer, Beatrix Bauer, Michael Binder, Veronika Bock, Petra Bruckmüller, Roland Esterbauer, Dagmar Güldenpfennig, Martina Kreindl, Ingrid Leidinger, Daniela Lehnerova, Gregor Münch, Mario Nakić, Karin Neichsner, Carmen Paradeiser, Amélie Pommier, Manuel Randa, Petra Schartner, Sonja Schleifer, Christian Thoren, Isabella Tillich, Martin Trippmacher, Carina Winkelhofer, Martin Wischin, Wolfgang Zangerl

Kartographie erstellt mit axpand
(www.axes-systems.com)

Vorwort

Zwischen dem westfälischen Rheine am Südrand und den lang gestreckten Fehnsiedlungen der Stadt Papenburg im Norden beschreibt die Emsland-Route einen Rundkurs durch den namensgebenden Landkreis. Auf der westlichen Hälfte steht die meist ungebunden mäandrierende Ems mit ihren Auen, Geesthügelchen und Flussterrassen im Gegensatz zum geradlinig durchs weite Flusstal gezogenen Dortmund-Ems-Kanal. Im Osten besticht der Hümmling, welcher mit vielen Großsteingräbern entlang des Weges einen Einblick in längst vergangene Zeiten gibt. Freunde der Technik, Kultur und Geschichte finden im Emsland das ein oder andere Kleinod. Die Meyer Werft in Papenburg blickt auf eine lange Schiffsbautradition zurück und das Jagdschloss Clememswerth in Sögel beeindruckt mit seiner einzigartigen Bauaufteilung. Westlich von Geeste bietet das Boutanger Moor ein besonderes Erlebnis für alle Naturfreunde.

Präzise Karten, kurze Streckenbeschreibungen, zahlreiche Stadt- und Ortspläne, Hinweise auf das kulturelle und touristische Angebot der Region und ein umfangreiches Übernachtungs- und Serviceverzeichnis – in diesem Buch finden Sie alles, was Sie zu einer Radtour durch das Emsland brauchen – außer gutem Radlwetter, das können wir Ihnen nur wünschen.

Kartenlegende

Radrouten

Hauptroute, wenig KFZ-Verkehr
- asphaltiert
- nicht asphaltiert
- schlecht befahrbar

Hauptroute, autofrei / Radweg
- asphaltiert
- nicht asphaltiert
- schlecht befahrbar

Ausflug od. Variante, wenig KFZ-Verkehr
- asphaltiert
- nicht asphaltiert
- schlecht befahrbar

Ausflug od. Variante, autofrei / Radweg
- asphaltiert
- nicht asphaltiert
- schlecht befahrbar

Sonstiges
- sonstige Radroute

- verkehrsreiche Radroute
- Kopfsteinpflaster
- Einbahnführung
- Fährverbindung
- unbekannter Belag
- Tunnel
- Schiebestrecke
- Zugverbindung
- Radweg in Planung
- Radweg gesperrt
- Radstreifen mit Verkehr
- Radstreifen, straßenbegleitender Radweg
- Straße für Radfahrer gesperrt
- Beschriebene Fahrtrichtung
- 5 Wegpunkt

Steigungen / Entfernungen
- starke Steigung
- leichte bis mittlere Steigung
- 2,4 Entfernung in Kilometern, gerundet

Maßstab 1 : 50.000

1 cm ≙ 500 m   1 km ≙ 2 cm

0 1 2 3 4 5

Radinformationen

- Fahrradwerkstatt*
- Fahrradvermietung*
- überdachter Abstellplatz*
- abschließbarer Abstellplatz*
- E-Bike Ladestation
- Infotafel*
- Gefahrenstelle
- Text beachten
- Treppe
- Tragestrecke
- Engstelle*
- 17 42 Knotenpunktnummer der Wegweisung*
- Stadt-, Ortsplan

Nur in Ortsplänen

- Parkhaus*
- Theater*
- Post*
- Apotheke*
- Krankenhaus*
- Feuerwehr*
- Polizei*

* Auswahl

Sehenswertes / Einrichtungen

- Kirche; Kapelle
- Kloster
- Synagoge; Moschee
- Schloss, Burg; Ruine
- Turm; Leuchtturm
- Wassermühle; Windmühle
- Kraftwerk
- Bergwerk; Höhle
- Flughafen; Denkmal
- sonstige Sehenswürdigkeit
- Museum
- Ausgrabungen; röm. Objekte
- Tierpark; Natur-Information
- Naturschutzgebiet, -denkmal
- sonstige Natursehenswürdigkeit
- Aussichtspunkt*
- Tourist-Information; Gasthaus
- Unterkunft; Jugendherberge
- Camping-; Naturlagerplatz*
- Einkaufsmöglichkeit*; Kiosk*
- Rastplatz*; Unterstand*
- Freibad; Hallenbad
- Naturbad; Thermal-/Erlebnisbad
- Brunnen*; Parkplatz*
- Schönern sehenswertes Ortsbild
- Einrichtung im Ort vorhanden

6 7 8 9 10 11 km

Topographische Informationen

- Kirche; Kapelle
- Kloster
- Synagoge; Moschee
- Schloss, Burg; Ruine
- Turm; Leuchtturm
- Wassermühle; Windmühle
- Kraftwerk; Solarkraftwerk
- Bergwerk; Höhle
- Denkmal; Hügelgrab
- Flughafen; Flugplatz
- Windkraftanlage
- Funk- und Fernsehanlage
- Umspannwerk, Trafostation
- Wegkreuz; hist. Grenzstein
- Sportplatz, Stadion
- Golfplatz; Tennisplatz
- Schiffsanleger; Schleuse
- Quelle; Kläranlage
- Staatsgrenze mit Übergang
- Landesgrenze
- Kreis-, Bezirksgrenze
- Naturschutzgebiet, -park, Nationalpark
- Truppenübungsplatz, Sperrgebiet
- Höhenlinie 100m/50m
- UTM-Gitter (in km; 2 km-Gitter)

- A13 B12 Autobahn; Schnellstraße
- B236 Fernverkehrsstraße
- Hauptstraße
- untergeordnete Hauptstraße
- Nebenstraße; Fahrweg
- Weg; Fähre
- Straße geplant/in Bau
- Eisenbahn/Bahnhof; S-Bahnhof
- Eisenbahn stillgelegt; geplant
- Schmalspurbahn
- Bergbahn; Seilbahn
- Wald; Parkanlage
- Sumpf; Heide
- Weinbau; Gartensiedlung*
- Steinbruch, Tagebau*
- Friedhof; Düne, Strand
- Watt; Gletscher
- Felsen; Geröll
- Gewächshäuser*, Plantage*
- Gewerbe-, Industriegebiet
- Siedlungsfläche; öffentl. Gebäude
- Stadtmauer, Mauer
- Damm, Deich
- Kanal
- Fluss/Staumauer/See

* Auswahl (* selection)

Inhalt

Stadtpläne

Emsland-Route

Da das Emsland die für entspanntes Dahinrollen nötigen (Rad-)Wege hat, kann man die Beschaulichkeit seiner flachen Kultur- und Naturlandschaft vom Rad aus bestens genießen. Unerwartet ragen dazwischen immer wieder Kleinode aus Frühgeschichte, Technik und Architektur wie „Leuchttürme" auf.

Ausgehend von Meppen bewegen Sie sich in das Nördliche Emstal. Hier trifft die Natur auf historische und hochmoderne Technik: Die Rheder Emsauen, wo unzählige Wasservögel im stetig auf- und ablaufenden Wasser nach Futter suchen, werden von den weithin sichtbaren, überwältigend großen Trockendocks der Meyer Werft überragt. Die Ausdockung eines neuen Luxus-Ozeankreuzers durch die schmale, extra dafür aufgestaute Ems bis in die Nordsee ist immer wieder ein spektakuläres Ereignis. Die lange Schiffsbautradition wird außerdem in den Freilichtmuseen in Haren und Papenburg eindrucksvoll präsentiert. Südlich der Papenburger Fehnkanäle und -kolonien liegen die Wald- und Heidehügel des Hümmlings. In der „grünen Weite" seiner Buchenwälder verstecken sich mythisch anmutende Großsteingräber aus Eisen-, Bronze- und Jungsteinzeit sowie zahlreiche Wind- und Wassermühlen.

Ihr Weg weiter nach Süden führt bis in das westfälische Rheine. Zwischen saftigen Weiden und fruchtbaren Feldern ist trotzdem Raum für Natur. Nicht nur an Fluss und Moor, sondern auch am Wegesrand, wo Klatschmohn, Margerite und Kornblume leuchten. In Lingen und den kleineren Orten zeugen schmuckvolle Herrenhäuser von der Tätigkeit der „Tödden" oder „Hollandgänger" genannten Kaufleute.

Das Bourtanger Moor, einst größter Hochmoorkomplex Westeuropas, zieht sich westlich der Ems von Geeste bis fast nach Papenburg und in die Niederlande hinein. Heute großflächig trockengelegt und erschlossen, hat es doch vielerorts seinen Reiz nicht verloren und bietet seltener Flora und Fauna Rückzugsräume und Zugvögeln wohlverdiente Rast. Auf kleineren Ausflügen entlang des Weges können Sie die Papierwelt in Dörpen entdecken, das Gut Altenkamp in Aschendorf erkunden, die größte kinotechnische Sammlung in Löningen bestaunen und der historischen Stadt Nordhorn an der Vechte einen Besuch abstatten. Ob Sie auf Ihrer Radtour nun Wunderwerke der Technik bestaunen, frühgeschichtliche Kultur entdecken oder einfach nur die Natur genießen wollen – die Emsland-Route wird in jedem Fall ein Erlebnis.

Streckenstatistik

Länge der Hauptstrecke: 306 km

HM/km: ⬀ 1,2 m (352 m) ⬂ 1,2 m (353 m)

Radweg: 49 % Unbefestigt: 11 % Verkehr: 2 %

Summe aller Strecken: 490 km

Streckencharakteristik

Länge

Die Gesamtlänge des Hauptradweges beträgt rund **305 Kilometer**. Die Varianten und Ausflüge haben eine Länge von 184 Kilometern.

Wegequalität, Verkehr und Steigungen

Fast die Hälfte der Route verläuft auf Radwegen, der Rest fast ausschließlich auf ruhigen Nebenstraßen. Lediglich vereinzelt müssen Sie mit einem erhöhten Verkehrsaufkommen rechnen. Den Großteil der Strecke können Sie auf asphaltiertem oder befestigtem Untergrund radeln. Ab und zu sind aber auch unbefestigte Streckenabschnitte zu bewältigen.

Steigungen sind kaum vorhanden. Lediglich punktuell können geringe Steigungen vorkommen.

Beschilderung

Die Emsland-Route ist durchgängig beschildert. Unter den klassischen Zielwegweisern finden Sie das Logo der Emslandroute auf den Einschubbildern. Das Logo zeigt die Aufschrift Emsland Route auf einem silbernen Wappen mit einem blauen und grünen Hintergrund. Die beiden Varianten in den Naturpark Moor - Veenland, den Hümmling und der Anschluss zwischen Meppen und Haselünne sind ebenso ausgeschildert. Die Logos entsprechen dem Logo der Hauptroute plus einer weißen Aufschrift für die jeweilige Variante.

Tourenplanung

Zentrale Infostellen

Gesellschaft zur Förderung des Emsland Tourismus mbH, Ordeniederung 1, 49716 Meppen, ✆ 05931/92509-00, info@emsland.com, www.emsland.com

Emsland RADexpress & Koffer-Taxi

Die Emsland Tourismus GmbH bietet Radfahrern die zwei folgenden Services an.

- das **Emsland-Koffer-Taxi** tansportiert Ihr Gepäck schnell, bequem und zuverlässig von einer Unterkunft zur nächsten.

- der **Emsland-RADexpress** schickt Sa, So und Fei vom Mai bis Oktober seine Busse mit Fahrrad-Transportanhängern auf sieben Linien durch die Teile des Emslandes, die von der Bahn nicht bedient werden können.

An- und Abreise mit der Bahn

Auf der Strecke zwischen Rheine und Papenburg verkehren sowohl die Westfalen Bahn und die Deutsche Bahn. Eine Anreise nach Meppen per Bahn ist somit aus beiden Richtungen möglich. Aufgrund der sich ständig ändernden Preise und Bedingungen für Fahrradtransport bzw. -mitnahme empfehlen wir Ihnen, sich bei nachfolgenden Infostellen über Ihre ganz persönliche Anreise mit der Bahn zu informieren.

Informationsstellen

WestfalenBahn GmbH, Infotelefon ✆ 0521/55777755, Detailinformationen über Fahrpläne, Preise und Fahrradmitnahme, www.westfalenbahn.de, info@westfalenbahn.de

Deutsche Bahn AG, Reise-Service: ✆ 030/2970, Mo-So 0-24 Uhr, Auskünfte über Fahrpreise und Fahrpläne, Informationen über die Serviceleistungen der Deutschen Bahn, www.bahn.de, www.bahn.de/bahnundbike

Fahrradversand

Deutsche Bahn AG (innerhalb Deutschlands sowie zwischen Deutschland und Österreich)

Wenn Sie mit der DB an- und abreisen, können Sie den Gepäckservice der DB nutzen. Ihr Rad oder E-Bike wird im Haus-zu-Haus-Versand an den vereinbarten Zielort gebracht, wenn Sie im Besitz einer entsprechenden Bahnfahrkarte sind. Fahrrad oder E-Bike müssen verpackt werden und dabei roll- und lenkbar bleiben, Gewicht max. 31,5 kg. Kostenlos kann eine Fahrradverpackung zugebucht werden, bei E-Bikes muss der Akku ausgebaut sein. Informationen und aktuelle Preise finden Sie unter www.gepaeckservice-bahn.de.

An- und Abreise mit dem Auto

Meppen ist über die A31 zu erreichen. Fahren sie an der Ausfahrt Meppen Nord ab und nehmen die B402 in östlicher Richtung, um in die Stadt zu gelangen.

Die Stadtwerke Meppen bieten innerhalb der Stadt mehrere Parkmöglichkeiten an. Lage und Tarife finden Sie unter https://www.stadtwerke-meppen.de/29-Gebuehren.html

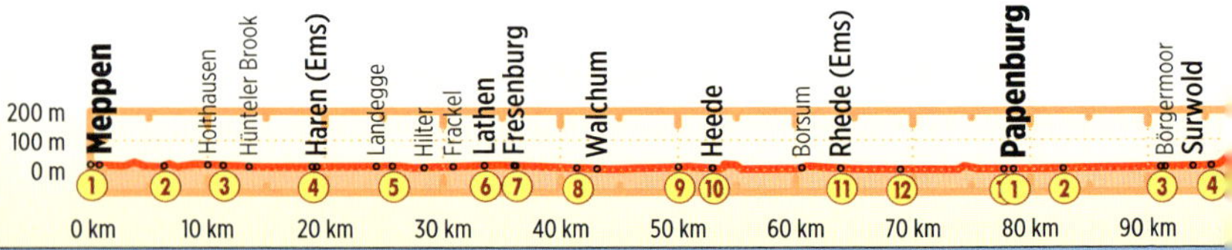

Rad & Bahn

Die Städte Rheine, Lingen, Meppen und Papenburg liegen direkt an der Strecke der Deutschen Bahn. Teilstrecken der Route können hier also gut mit einer Bahnfahrt überwunden werden.

Übernachtung

Bei unseren Recherchen haben wir eine größtmögliche Auswahl für Sie zusammengestellt. Für alle, die Alternativen oder einfach noch mehr Anbieter suchen, gibt es nachfolgende Internet-Adressen, die auch Beherbergungen anderer Art anbieten:

Der ADFC-Dachgeber funktioniert nach dem Gegenseitigkeitsprinzip: Hier bieten Radfreunde anderen Tourenradlern private Schlafplätze an. Mehr darüber unter www.dachgeber.de

Das **Deutsche Jugendherbergswerk** stellt sich unter www.djh.de mit seinen vierzehn Landesverbänden vor.

Auch die **Naturfreunde** bieten mit ihren **Naturfreundehäusern** eine Alternative zu anderen Beherbergungsarten an, mehr unter www.naturfreunde.de

Die Plattform Airbnb bietet die Möglichkeit, weltweit private Unterkünfte zu suchen und zu buchen. Infos

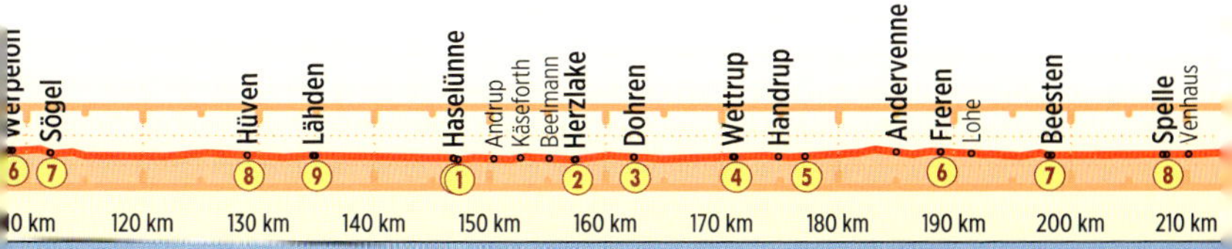

dazu und Anbieter finden Sie auf: www.airbnb.com

Unter www.camping.info finden Sie flächendeckend den **Campingplatz** nach Ihrem Geschmack.

Weiterhin bietet **Bett+Bike** unter www.bettundbike.de zusätzliche Informationen zu den beim ADFC gelisteten Beherbergungsbetrieben in ganz Deutschland.

Mit Kindern unterwegs

Die beinahe steigungsfreie Emsland-Route mit ihrem hohen Anteil an Radwegen ist auch für eine Radtour mit Kindern ab 12 Jahren gut geeignet.

Radreiseveranstalter

Eurobike, Mühlstr. 20, A-5162 Obertrum am See, ✆ 0043/6219/60866, Fax: 8272, Infohotline Deutschland: ✆ 0800 5889718 (gratis aus Deutschland) office@eurobike.at, www.eurobike.at

Velociped, Alte Kasseler Str. 43, 35039 Marburg, ✆ 06421/886890, info@velociped.de, www.velociped.de

Hasetal Touristik GmbH, Langenstr. 33, 49624 Löningen, ✆ 05432/599599, info@hasetal.de, www.hasetal.de

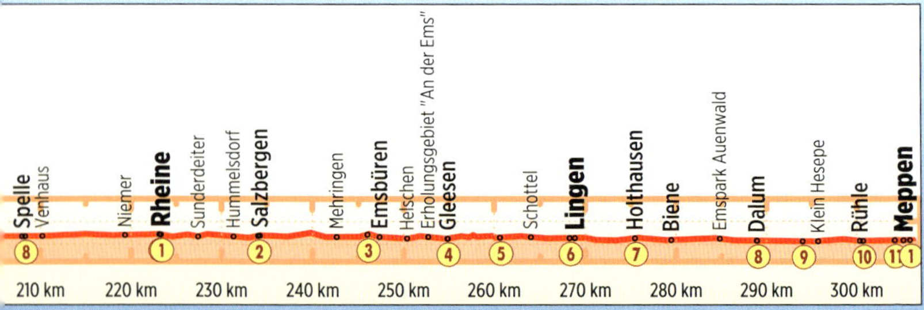

Zu diesem Buch

Dieser Radreiseführer enthält alle Informationen, die Sie für den Radurlaub entlang der Emsland-Route benötigen: Exakte Karten, ein ausführliches Übernachtungs- und Serviceverzeichnis, Stadt- und Ortspläne und die wichtigsten Informationen zu touristischen Attraktionen und Sehenswürdigkeiten. Und das alles mit der **bikeline-Garantie**: die Routen in unseren Büchern sind von unserem professionellen Redaktionsteam auf ihre Fahrradtauglichkeit geprüft worden.

Um höchste Aktualität zu gewährleisten, nehmen wir nach der Befahrung Korrekturen von Lesern bzw. offiziellen Stellen bis Redaktionsschluss entgegen, die dann jedoch teilweise nicht mehr an Ort und Stelle verifiziert werden können.

Die Radtour ist nicht in Tagesetappen sondern in logische Abschnitte aufgeteilt, weil die Tagesleistung zu sehr davon abhängt, wie sportlich oder genussvoll Sie die Strecke in Angriff nehmen möchten.

Die Karten

Die Detailkarten sind im Maßstab 1:50.000 erstellt. Dies bedeutet, dass 1 Zentimeter auf der Karte einer Strecke von 500 Metern in der Natur entspricht. Zusätzlich zum genauen Routenverlauf informieren die Karten auch über die Beschaffenheit des Bodenbelages (befestigt oder unbefestigt), Steigungen (leicht oder stark), Entfernungen sowie über kulturelle, touristische und gastronomische Einrichtungen entlang der Strecke.

Beachten Sie, dass die empfohlene Hauptroute immer in Rot und Violett, Varianten und Ausflüge hingegen in Orange dargestellt sind. Die genaue Bedeutung der einzelnen Symbole wird in der Legende auf den Seiten 4, 5 und 6 erläutert.

Höhen- und Streckenprofil

Das in der Einleitung dargestellte Höhen- und Streckenprofil gibt Ihnen einen grafischen Überblick über die Steigungsverhältnisse, die Länge und die wichtigsten Orte entlang der Radroute. Es können in diesem Überblick nur die markantesten Höhenunterschiede dargestellt werden, jede einzelne kleinere Steigung wird in dieser grafischen Darstellung nicht berücksichtigt. Die Steigungs- und Gefälleverhältnisse entlang der Route finden Sie im Detail mit Hilfe der Steigungspfeile in den genauen Karten.

Der Text

Der Textteil beinhaltet kurze Ortsinfos und Ortsbeschreibungen sowie kompakte Textpassagen mit relevanten Streckeninformationen. Unter dem jeweiligen Ortsbalken finden Sie folgende Informationen aufgelistet: Adresse der Einrichtung, Öffnungszeiten-Kategorie, Telefonnummer, Weblink und Kurzbeschreibung

Öffnungszeiten – Kategorien

- Öffnungszeiten
- frei zugänglich
- täglich
- häufig (5-6 Tage/Wo.)
- durchschnittlich (3-4 Tage/Wo.)
- selten (bis 2 Tage/Wo.)
- nach tel. Anfrage

Diese Angaben gelten während der Radsaison und dienen als Orientierungshilfe. Die tagesaktuellen Öffnungszeiten finden Sie über den Weblink.

Weblink

Im Ortsdatenblock bei dem jeweiligen touristischen Eintrag befindet sich nach dem @ Symbol eine sechsstellige Zahlen- und Buchstabenkombination *(z. B. @ abc123)*. Die Eingabe dieser Weblink-ID auf unserer Internetseite www.esterbauer.com leitet Sie direkt auf die entsprechende Webseite weiter und ersetzt somit die mühsame Eingabe ellenlanger Webadressen.

Übernachtungs- und Serviceverzeichnis

Auf den letzten Seiten dieses Radtourenbuches sind zu fast allen Orten entlang der Strecke eine Vielzahl von Übernachtungsmöglichkeiten aufgelistet, vom einfachen Zeltplatz bis zum 5-Sterne-Hotel. Zusätzlich finden Sie umfangreiche Informationen zu Radwerkstätten und Radverleihstationen.

Von Meppen nach Papenburg 78,5 km

HM/km: ⬀ 1,0 (76m) ⬂ 1,1 (87m) Radweg: 62 % Unbefestigt: 8 % Verkehr: 2 %

Sie starten Ihre Radtour in Meppen und radeln die Ems entlang nach Norden. Direkt in Meppen gibt es bereits die Mündung der Hase in die Ems zu bestaunen. Ihre Route bewegt sich zwischen den Ufern von Ems und Dortmund-Ems-Kanal bis nach Papenburg, wobei Sie einen Abstecher nach Dörpen und Aschendorf einlegen können. Entlang des Weges können Sie die Reederei- und Schifffahrtsmuseen in Haren besuchen, die 34 m hohe Hilter Mühle bestaunen, in Dörpen Allerlei über die Papierherstellung erfahren und in Heede unter der 1.000 Jahre alten Linde picknicken. Auch das Naturschauspiel der Emsauen bei Rhede sollten Sie sich nicht entgehen lassen. In Papenburg erwartet sie nicht nur eine reizvolle Fehnkolonie sondern auch eine der größten Werften der Welt.

Die Route führt beinahe steigungsfrei an den Flussufern entlang, wobei sie einen großen Teil der Strecke auf befestigten Radwegen und verkehrsarmen Nebenstraßen unterwegs sind. Nur kurze Teilstrecken führen über unbefestigte Wege oder auf stark befahrenen Straßen.

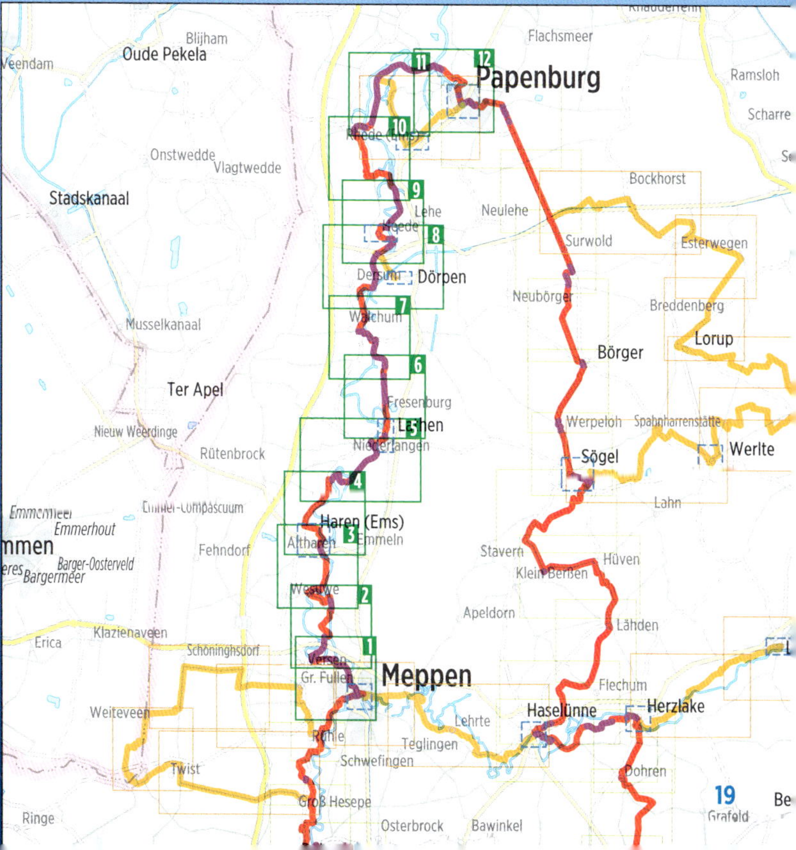
Flachsmeer
Blijham
Oude Pekela
Veendam
Papenburg
Ramsloh
Scharre
11
12
10
Rhede (Ems)
Onstwedde
Vlagtwedde
Stadskanaal
9
Lehe
Neulehe
Bockhorst
Heede
8
Surwold
Esterwegen
Dersum
Dörpen
Neubörger
Breddenberg
7
Walchum
Musselkanaal
Lorup
Börger
6
Ter Apel
Fresenburg
Lathen
Werpeloh
Spahnharrenstätte
Nieuw Weerdinge
Niederlangen
Sögel
Werlte
Rütenbrock
4
Lahn
Emmer-Compascuum
Emmerhout
Haren (Ems)
3
Emmeln
Altharen
Fehndorf
Stavern
Hüven
Barger-Oosterveld
Bargermeer
Klein Berßen
Wesuwe
2
Apeldorn
Lähden
Erica
Klazienaveen
Schöningsdorf
1
Versen
Gr. Fullen
Meppen
Flechum
Weiteveen
Haselünne
Herzlake
Lehrte
Rühle
Teglingen
Twist
Schwefingen
Dohren
Groß Hesepe
19
Ringe
Grafeld
Osterbrock
Bawinkel

1 Meppen

Vorwahl: 05931

Tourist-Information Meppen (TIM) e.V., Markt 4, ✆ 153153, @ eds174

Museen an der Koppelschleuse, An der Koppelschleuse 19a, ✆ 6605 Das Emsland Archäologie Museum und das Stadtmuseum Meppen präsentieren sich an der Koppelschleuse unter einem Dach. Ausstellung zur Ur- und Frühgeschichte des Emslandes, zur Stadtgeschichte sowie Sonderausstellungen. @ tiq144

Gymnasialkirche. Die Jesuitenresidenz und der Barockbau der Gymnasialkirche von 1746 wurden von Karl Immendorf und Johann Conrad Schlaun erbaut.

Propsteikirche St. Vitus, Kuhstr. 40. Hier stand bereits um 780 eine kleine Taufkirche, die im Jahr 1225 durch einen größeren romanischen Bau ersetzt wurde. Im 15. Jh. entstand die dreischiffige spätgotische Hallenkirche, es folgten in späteren Jahrhunderten mehrfach Aus- und Umbauten. Der große neugotische Flügelaltar im Inneren stammt aus dem Jahr 1895.

Höltingmühle, Am Nachtigallenwäldchen 2a. Holländerwindmühle (1960) auf der Landzunge zwischen Hase und Dortmund-Ems-Kanal. Die Mühle kann von außen besichtigt werden. Das in der Mühle untergebrachte Restaurant ist aktuell geschlossen. @ wer638

Herren- oder Kossenmühle, An der Radde 1. Die 1991 restaurierte Kornmühle wurde vor 450 Jahren gebaut.

Freilichtbühne Meppen, Berghamsweg, ✆ 12825. In der Waldbühne mit 1.650 Sitzplätzen finden im Sommer regelmäßig Vorstellungen statt. @ jbd417

Historisches Rathaus, Markt 43. Das Untergeschoss des Rathauses, welches das Wahrzeichen der Stadt ist, wurde aus sehr großen Findlingen im Jahr 1408 erbaut. Im Jahr 1605 wurde der Bau um zwei Stockwerke erweitert. @ lxo323

Hubbrücke. Bereits im Mittelalter befand sich an der Stelle der heutigen Brücke eine hölzerne Jochbrücke mit beweglicher Klappe. Die Brücke ist eine wichtige Verbindung zwischen der westlich der

Meppen
Hase-Mündung
Hubbrücke
hist. Rathaus
Gymnasialkirche
St. Vitus
Stadtwall
Höltingmühle
Museen an der Koppelsch
Koppelschl
Hase
0,8
1,2
94
1
B70
Uferstr.
Schützenstraße
Herzog-Arenberg-Str.
Josefstr.
Friedrichstr.
Ludwigstr.
Falkenstiege
Haselünner Str.
Paulstr.
Margaretenstr.
Lange Str.
Viktoriastr.
Juttastr.
Eschstr.
Vitusstr.
Bokeloher Str.
Königstr.
Hasebrinkstr.
Orde
Riedemannstr.
Grabbestr.
Geibelstr.
Hebbelstr.
Aulkenweg
Deichstr.
Esterfelder Deich
Deichort
Spiek
Esterfelder Stiege
Im Flugholz
Schillerring
Herderstr.
Kleiststr.
Lessingstr.
Schullendamm
Emsstr.
Hasestr.
Arnold-Blanke-Str.
Hüttenstr.
Widukindstr.
Am Neuen Markt
Burgstr.
Hinterstr.
Gymnasialstr.
Nagelshof
An der Bleiche
Kuhstr.
Wallstr.
Markstiege
Lingener Str.
Burgriede
Am Wall
Kanalstr.
Sankt-Antonius-Str.
Nachtigallenwäldchen
Fasanenstr.
Hansastr.
Steenbrede
An der Koppelschleuse
Helter Brücke
Helter Damm

Hase liegenden Altstadt und der Neustadt östlich des Flusses.

- **Kunstzentrum Koppelschleuse**, An der Koppelschleuse 19, ✆ 7575. Sie diente als zweistufige Schleusenanlage zur Überbrückung des Höhenunterschieds zwischen dem ehemaligen Ems-Hase-Kanal und der Hase. Die Anlage ist im ursprünglichen Zustand erhalten, aber nicht mehr in Betrieb. @ fvp315

Rathaus, Meppen

- **Stadtführungen**. Informationen erhalten Sie bei der Tourist-Information. @ kdm824
- **Stadtwall**. Der ringförmige Wall (1360) um die Altstadt lädt zum Spaziergang ein.
- **Hase-Mündung**. Die Hase mündet nach fast 170 km in Meppen in die Ems. Auf den letzten Metern zwischen Höltingmühle und Hase-Mündung nutzt der Dortmund-Ems-Kanal das Flussbett der Hase. In diesem Bereich befindet sich auch noch ein Altarm, der den Bauhof des Wasserstraßen- und Schifffahrtamtes umschließt.
- **Emsbad**, Nagelshof 60, ✆ 12026, @ iil631

Meppen, die grüne Stadt am Wasser, liegt am Zusammenfluss von Ems und Hase. Ende des achten Jahrhunderts gründete Karl der Große hier eine Taufkirche, auf die

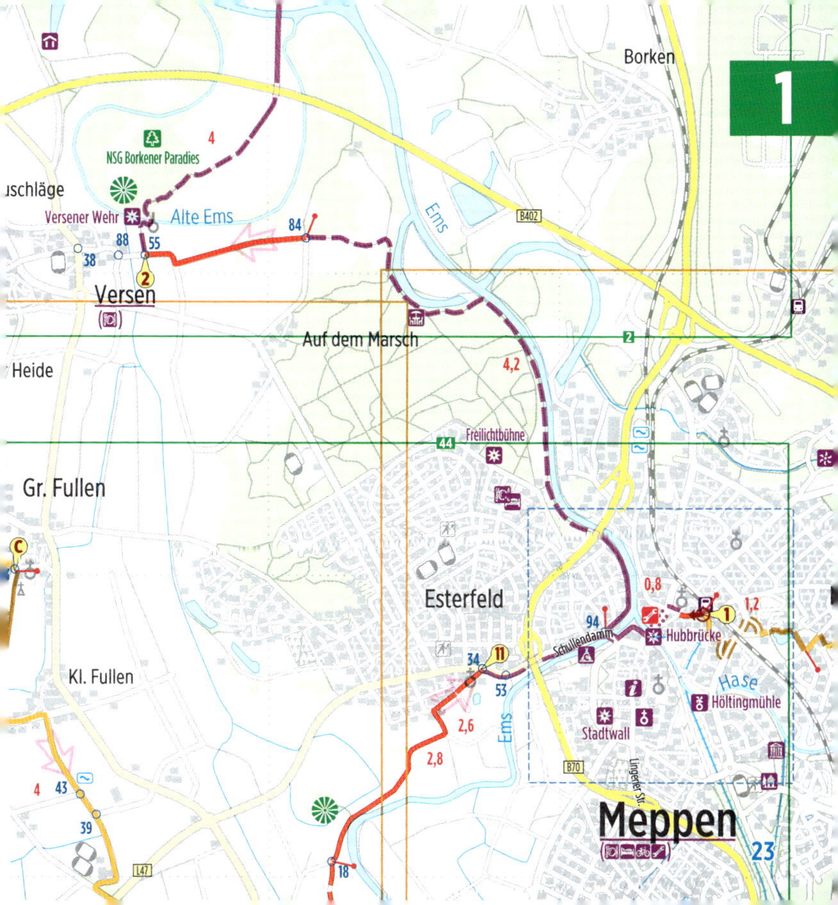

1
Borken
NSG Borkener Paradies
4
uschläge
Versener Wehr
Alte Ems
Ems
B402
84
88
55
38
2
Versen
Auf dem Marsch
2
4,2
Heide
44
Freilichtbühne
Gr. Fullen
C
Esterfeld
0,8
1,2
1
94
Schullendamm
Hubbrücke
11
34
53
Kl. Fullen
Hase
Höltingmühle
2,6
Ems
Stadtwall
2,8
B70
Lingener Str.
4
43
39
Meppen
23
18
L47

1461 die Propsteikirche gebaut wurde. 834 übertrug sein Sohn, Ludwig der Fromme, Meppen an das Kloster Corvey. Daraus resultiert die erste Erwähnung der Stadt. Als 1360 Meppen zur Stadt ernannt wurde, baute man im Zuge dessen Befestigungsanlagen zur Verteidigung. Die Anlagen überdauerten die Zeiten und so kann man heute auf ihnen einen Spaziergang rund um die Stadt unternehmen. Leider ging im Modernisierungswahn der Nachkriegsjahre wertvolle alte Bausubstanz verloren. Nichtsdestotrotz wurden alte Traditionen bewahrt. Als die wichtigste davon gilt die „Kreuztracht". Sie wurde 1647 von Jesuitenpater Nicolaus Krebs in der schlimmen Zeit des Dreißigjährigen Krieges ins Leben gerufen. Die Bewohner Meppens machen sich an jedem Karfreitag auf, um in einer Prozession die fünf Stationen zu besuchen, die an das Leiden Jesu erinnern. Die Rolle des Jesus übernimmt ein unbekannt bleibender Mann, der barfuß ein schweres Holzkreuz zu den Stationen tragen muss. Der Brauch der Schützenfeste ist allerdings noch weitaus älter. Bereits 1410 zum Zwecke der Selbstverteidigung gegründet, feiert heute die ganze Stadt alljährlich dieses alte Fest.

Sie verlassen Meppen auf dem Emsradweg in Richtung Norden. Auf Radwegen und Nebenstraßen bewegen Sie sich entlang der Orte am linken Emsufer bis nach Haren (Ems).

ANSCHLUSS Ein Anschluss von Meppen nach Haselünne führt Sie durch das Hasetal. Mehr dazu finden Sie auf Seite 92.

2 Versen (Meppen)

- **Versener Wehr.** Das Alte Versener Wehr wurde 1897 fertiggestellt und später durch ein Wehr in der Nähe von Holthausen ersetzt.
- **Borkener Paradies.** 33 ha großes Naturschutzgebiet an der Alten Ems mit seltenen Tieren und Pflanzen.

3 Hüntel (Meppen)

- **„Größtes Gemälde der Welt".** Auf dem Kühlturm des ehemaligen Kraftwerks wurde vom Schweizer Künstler Christoph Rihs im Jahr 1994 eine Weltkarte gemalt.

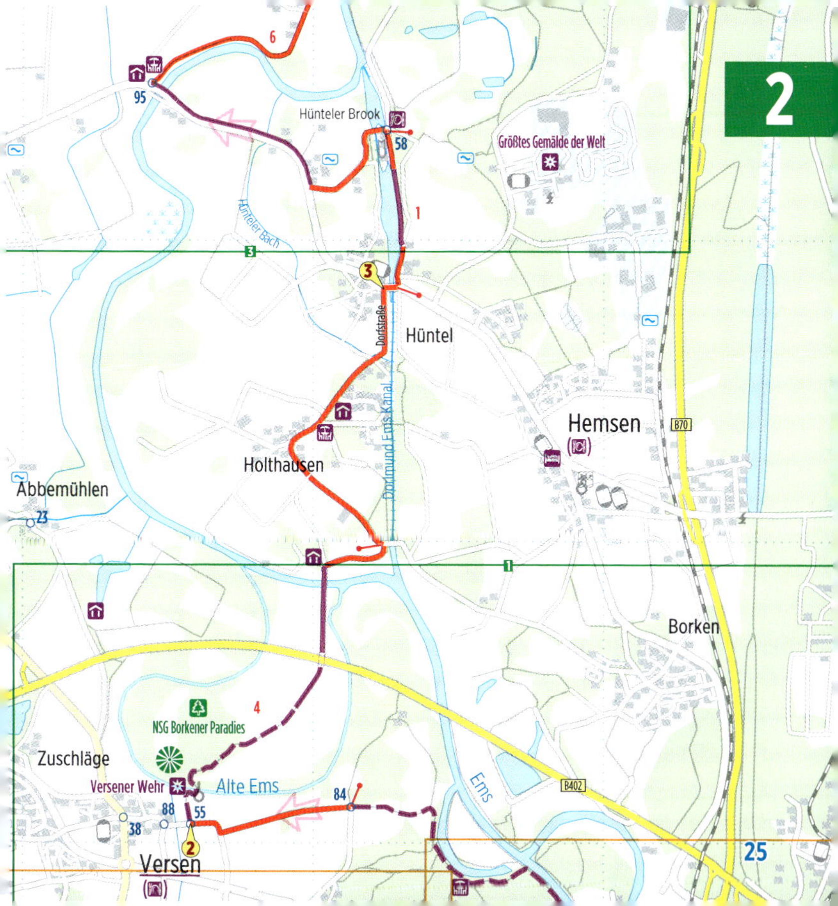

2
6
95
Hünteler Brook
58
Größtes Gemälde der Welt
1
Hünteler Bach
3
3
Dorfstraße
Hüntel
Dortmund-Ems-Kanal
Hemsen
B70
Holthausen
Abbemühlen
23
1
Borken
4
NSG Borkener Paradies
Zuschläge
Versener Wehr
Alte Ems
84
Ems
B402
88
55
38
2
Versen
25

Größtes Gemälde der Welt, Hüntel

Sie ist laut Guinness-Buch der Rekorde die größte der Welt.

4 Haren (Ems)

Vorwahl: 05932

- **Tourist-Information**, Neuer Markt 3, ✆ 71313, @ npn628
- **Fahrgastschifffahrt Amisia**, ✆ 71313. Linien- und Charterfahrten auf der Ems. @ nod216
- **Mersmühle**, Landegger Str., ✆ 732654, ✆ 71313 Vom Korn zum Brot, alles über Säen, Ernten, Mahlen und Backen. Auf dem Gelände der restaurierten Mühle befindet

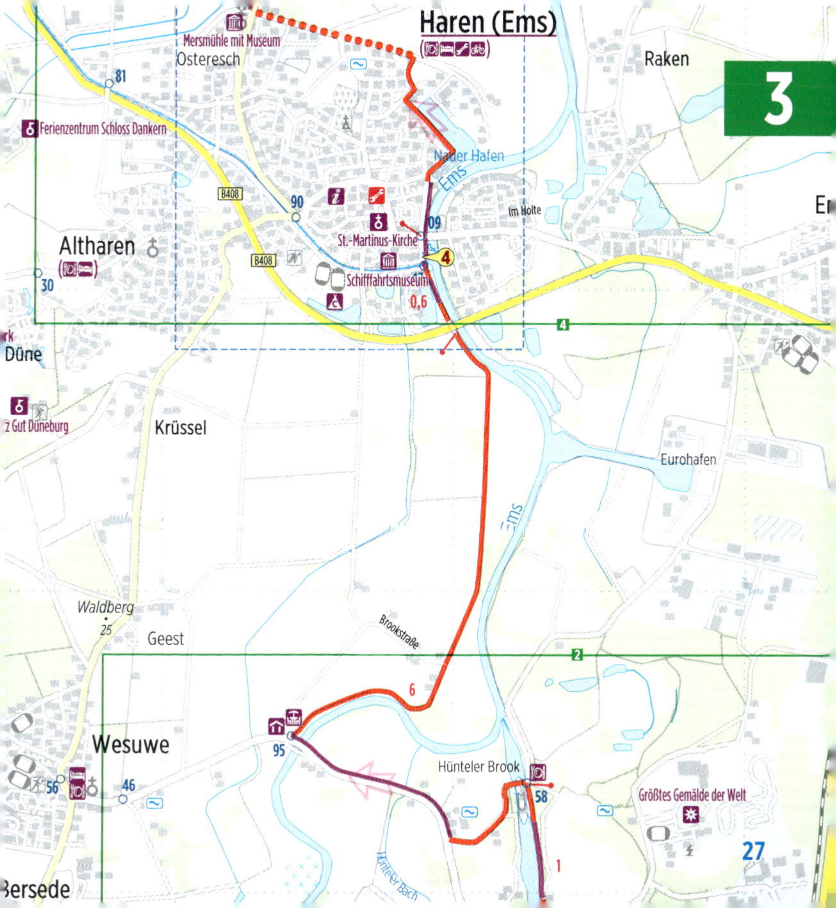

Haren (Ems)
3
Mersmühle mit Museum
Osteresch
Raken
Ferienzentrum Schloss Dankern
Nauer Hafen
Ems
B408
90
81
Im Holte
St.-Martinus-Kirche
09
Altharen
4
Schifffahrtsmuseum
0,6
30
Düne
Gut Düneburg
Krüssel
Eurohafen
Waldberg
25
Geest
Brookstraße
2
6
Wesuwe
95
56
46
Hünteler Brook
58
Größtes Gemälde der Welt
Hünteler Bach
1
27
Bersede

sich auch ein schöner Bauerngarten. @ qfg716

Reedereimuseum im Kunsthaus Haren, Emsstr. 36, ✆ 733387, ✆ 0171/7716093. Einziges Reedereimuseum Deutschlands. Ferner werden im Haus wechselnde Ausstellungen und Kunstausstellungen in der Galerie angeboten. @ pnu888

Schifffahrtsmuseum, Kanalstr. 1, ✆ 71313 Schiffsmotoren, Harener Schiffe etc. @ bjd135

St.-Martinus-Kirche (Emsland-Dom), Lange Str. 10. Der Kirche (1911) wurde nach dem Vorbild des Petersdom erbaut.

Hallenbad Haren, Am Sportzentrum 1, ✆ 6340, @ gnm435

Sonnenaufgang mit Nebel an der Ems

Haren
Mersmühle mit Museum
Zeppelinstraße
Bockholt
Dieselstraße
Mersweg
Scholwiese
Kruppstr.
Siemensstr.
Ludgeristr.
Frohland
Industriestr.
An der Tenge
Wilhelmstr.
Telgenkamp
Osterschweg
Griesenesch
Gerstenweg
Bockholter Weg
Am Neuen Hafen
Reinersweg
Von-Galen-Str.
Windhorststr.
Vom Stein Str.
Landegger Str.
Höftenkamp
Höftenweg
Martiniweg
Amisastr.
Weedendamm
Inselmühle
Ankerstr.
Am Alten Hafen
Nauer Hafen
Ems
Boschstr.
Ringstr.
Hohe Kamp
Poststr.
Hermanusweg
Treidelweg
Rütenbrocker Str.
Belmfort
Lange Wiese
Nordring
Nordstr.
Mühlendamm
B408
Sandkühlerstr.
Burggraben
Mittelstr.
Gartenstr.
Hasenkamp
Hafenstr.
Nikolausweg
Im Holte
Zum Emsdeich
90
09
Wesuweer Str.
Ridderingsesch
Marktwinkel
Lange Str.
Bischof-Demann-Str.
St.-Martinus-Kirche
Emsstr.
Emmelner Str.
An der Ems
Pappelallee
Althaarener Patt
Deichstr.
Kirchstr.
Werftstr.
Fürstenbergstr.
Reedereimuseum
Schleusenstr.
Uferstr.
Bootsweg
Oststr.
4
Am Sportzentrum
Kanalstr.
Schifffahrtsmuseum
Droste-Hülshoff-Str.
47
Am Yachthafen
0,6
Fährstr.
Am Brookdeich
Achtern Diek
Fontanestr.
69

Transrapid Teststrecke, Lathen

Ausgehend von Haren bewegen Sie sich weiter vorwiegend auf Radwegen und abschnittsweise kurzen Nebenstraßen nach Norden. Nachdem Sie Landegge durchquert haben, biegen Sie bei der ersten Möglichkeit vom straßenbegleitenden Radweg **5** rechts ab, überqueren die Ems erneut und radeln am rechten Emsufer bis nach Lathen.

Hilter (Lathen)

Vorwahl: 05933

Hilter Mühle, Hilter Berg 5, ✆ 8891. Erdholländer aus dem Jahre 1880. Die auf

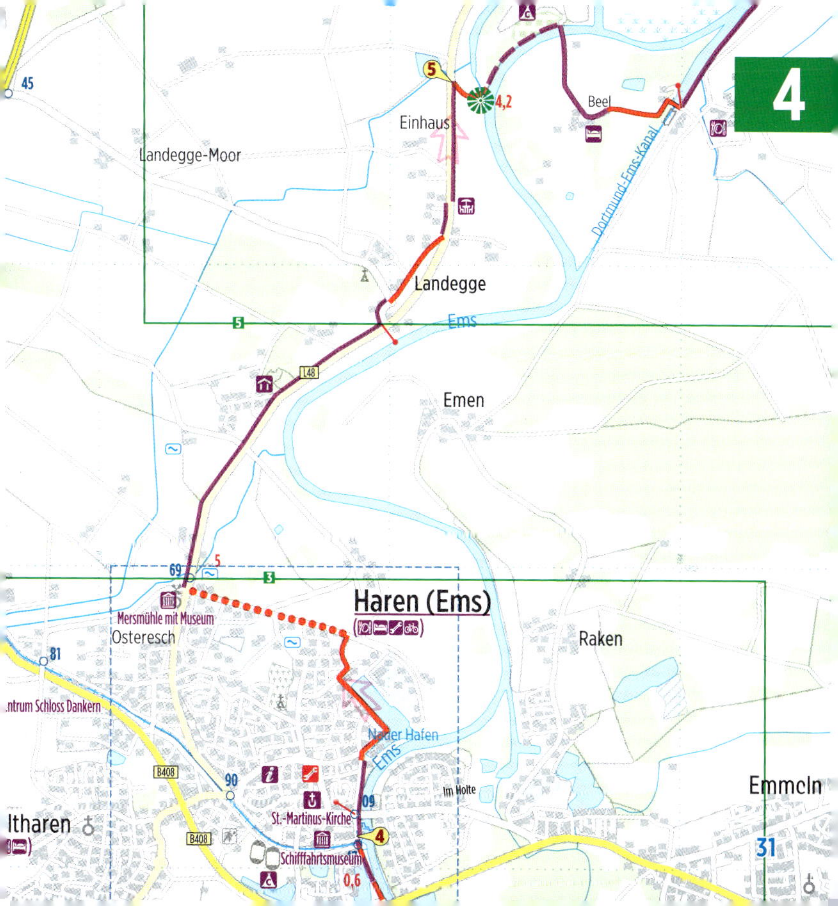

4
Einhaus
Beel
Landegge-Moor
Dortmund-Ems-Kanal
Landegge
Ems
L48
Emen
Haren (Ems)
Mersmühle mit Museum
Osteresch
Raken
ntrum Schloss Dankern
Nader Hafen
Ems
B408
Im Holte
Emmeln
Itharen
St.-Martinus-Kirche
Schifffahrtsmuseum
4,2
0,6
45
69
81
90
09
31
5
3

dem 34 m hohen Hilter Berg gelegene Windmühle wird noch mit Windkraft betrieben.

6 Lathen

Vorwahl: 05933

Gäste-Info-Service **Lathen**, Erna-de-Vries-Pl. 5, ✆ 6647, @ diy845

St. Vitus. Die katholische Kirche stammt aus dem Jahr 1531.

Freibad, Heidswiemoor 3, ✆ 1838, @ sdu585

Lathen ist weltweit bekannt geworden durch die Spitzentechnologie der Magnetschwebebahn Transrapid. Neben der Möglichkeit des Aktivurlaubs bietet Lathen Radfahrern, Wanderern und Naturliebhabern inmitten einer reizvollen Landschaft auch Ruhe, Erholung und Natur pur.

Die Transrapid Magnetschwebebahn

Östlich von Lathen und Dörpen befindet sich die in den 1980ern erbaute und nun stillgelegte, knapp 32 km lange Teststrecke für die Magnetschwebebahn Transrapid.

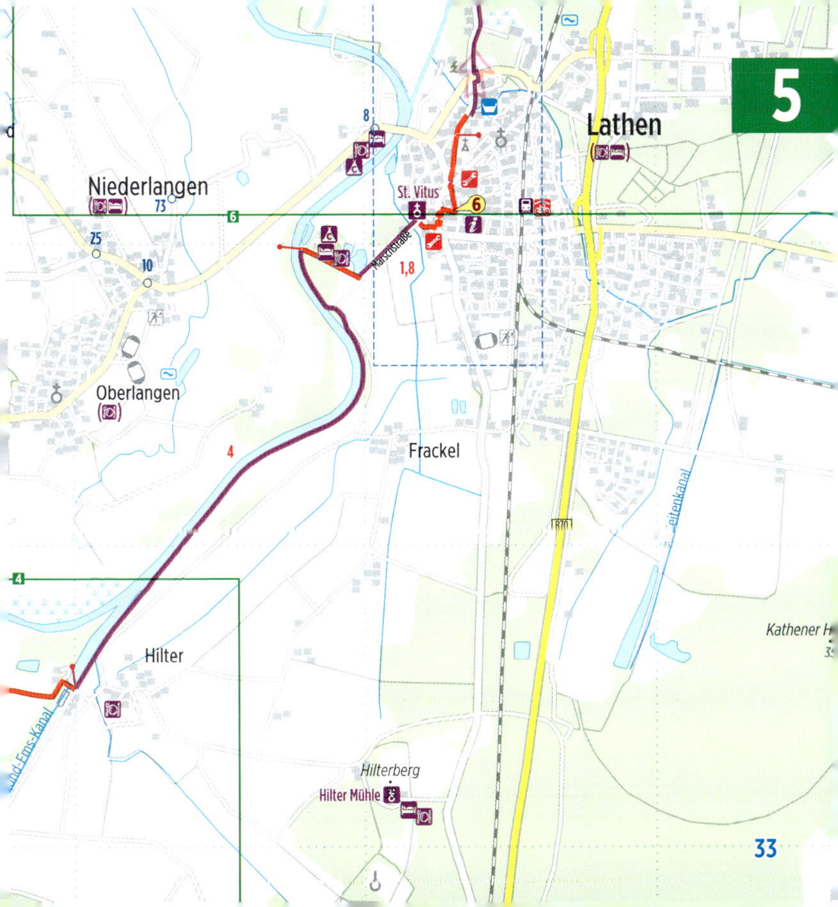
5
Lathen
Niederlangen
73
8
25
10
Oberlangen
St. Vitus
6
Marschstraße
1,8
4
Frackel
B70
Hilter
Hilterberg
Hilter Mühle

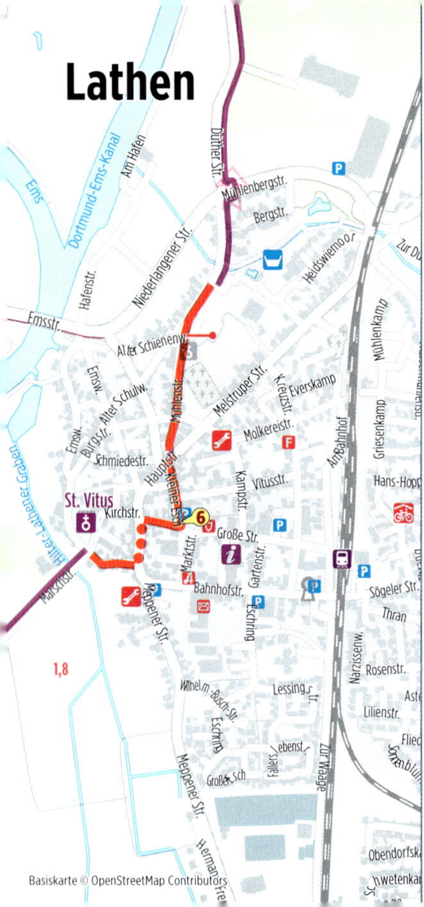

Die Magnetschwebetechnik erzielte über die Jahrzehnte wiederholte Rekordgeschwindigkeiten von bis zu 450 km/h. Einen Dämpfer erhielt die Technologie jedoch durch die hohen Baukosten der Infrastruktur, welche die Realisierung vieler Projekte verhinderte. Die heute ambitioniertesten Pläne im Bereich Magnetschwebetechnik findet man in Japan, bei der eine Verbindung von Tokio und Nagoya bis zum Jahr 2027 geplant ist. Auf der Transrapid Versuchsanlage Emsland ereignete sich 2006 ein tragischer Umfall, bei der ein Zug mit einem sich noch auf der Strecke befindenden Wartungswagen zusammenstieß. Der Betrieb der Anlage konnte unter einem neuen Sicherheitskonzept erneut aufgenommen werden, 2011 endete jedoch die laufende Betriebsgenehmigung und führte zur Stilllegung. Nach einem geplanten Rückbau zeigt nun der chinesische Eisenbahnkonzern „China Railway Rolling Stock" Interesse an der Nutzung der Versuchsanlage. Die Zukunft der Teststrecke ist somit weiterhin ungewiss.

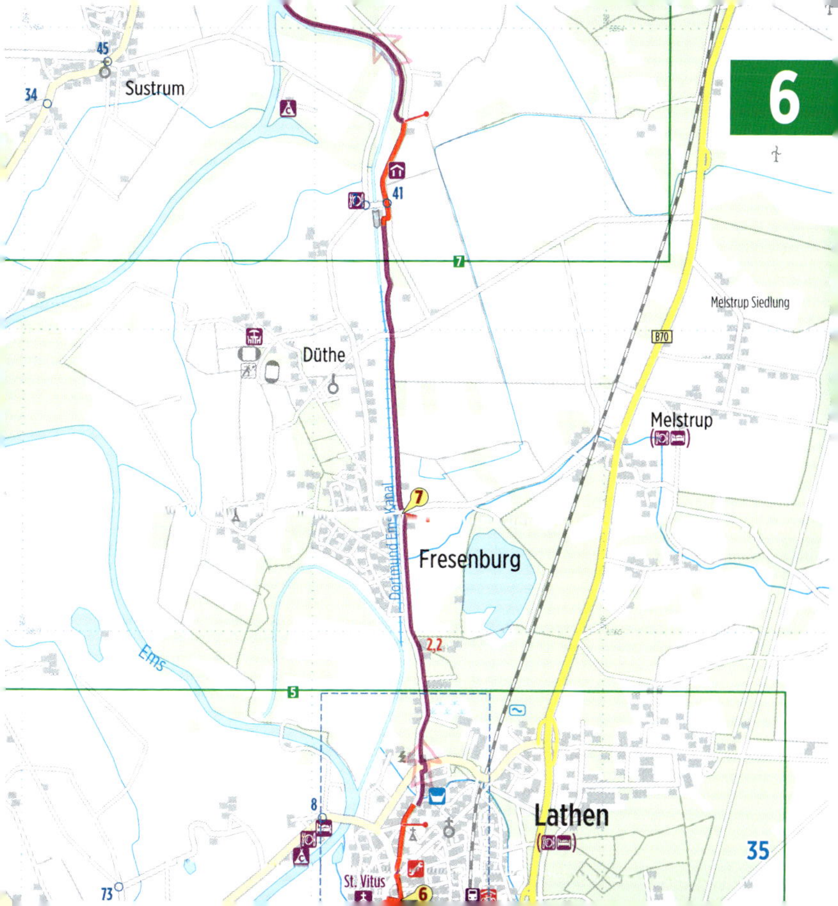

6
Sustrum
45
34
41
7
Düthe
Melstrup Siedlung
B70
Melstrup
Dortmund Ems Kanal
Fresenburg
2,2
Ems
5
8
Lathen
St. Vitus
73
6
35

Der Emsradweg

Sie folgen nun dem Dortmund-Ems Kanal bis nach Steinbild, wo Sie die Ems erneut queren und am linken Emsufer bis nach Rhede (Ems) radeln.

7 Fresenburg

8 Steinbild (Kluse)

Walchum

Dersum

AUSFLUG Kurz vor Heede bietet sich ein Abstecher nach Dörpen an. Überqueren Sie dafür die Ems bei Bollingerfähr **9** und biegen rechts auf die Heeder Straße nach Dörpen ab.

Dörpen

Vorwahl: 04963

ℹ Samtgemeinde Dörpen, Hauptstr. 25, ✆ 4020, @ byy886

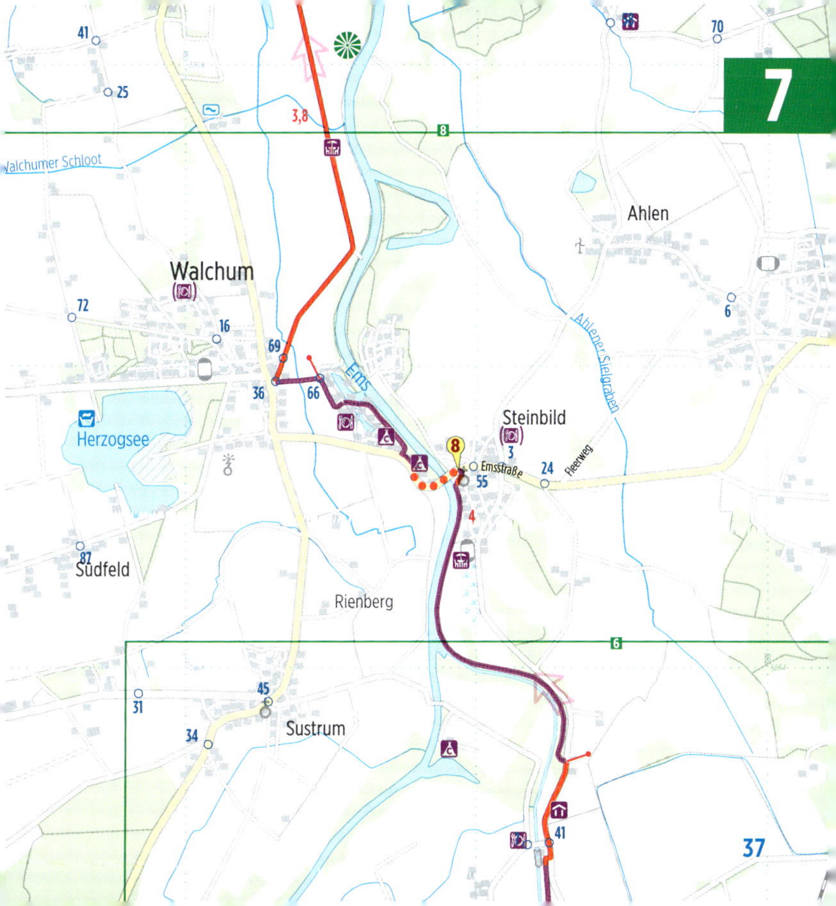
7
Walchumer Schloot
Walchum
Herzogsee
Südfeld
Rienberg
Sustrum
Steinbild
Ahlen
Ems
Ahlener Sielgraben
Emsstraße
Fleerweg
3,8
4
8
6
41
25
70
72
16
69
36
66
3
24
55
87
31
45
34
41

🏛 **Papierwelt**, Nordlandallee 1, ✆ 4012107 Papierschöpfen und Drucken wie vor 200 Jahren. @ htp153

St. Vitus. Die Kirche (1798) besitzt einen Anbau von 1963. Im Inneren ist die Flachdecke mit Stuckmotiven sehenswert.

Heimathaus Dörpen, Finkenstr. Auf dem Gelände des Heimathauses von 1906 befindet sich u. a. ein Backhaus, eine Schmiede und ein Bauerngarten.

10 Heede (Ems)

Vorwahl: 04963

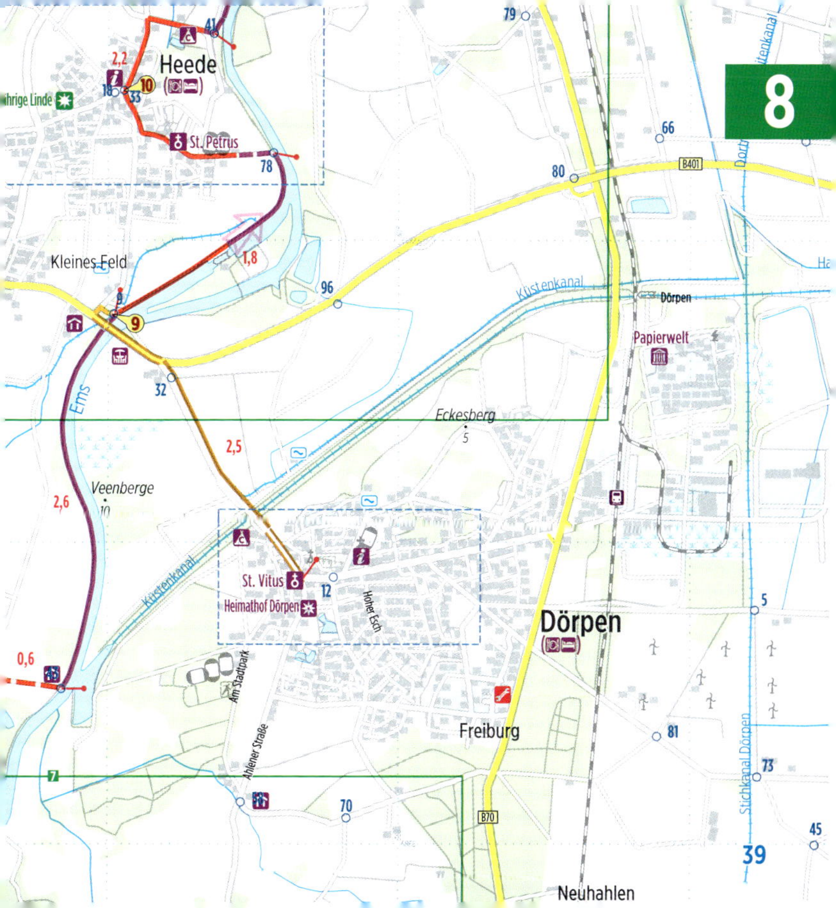

8
Heede
St. Petrus
Kleines Feld
Ems
Küstenkanal
Dörpen
Papierwelt
Eckesberg
Veenberge
St. Vitus
Heimathof Dörpen
Hoher Esch
Am Stadtpark
Ahlener Straße
Dörpen
Freiburg
Neuhahlen
B401
B70
Stichkanal Dörpen
2,2
1,8
2,5
2,6
0,6

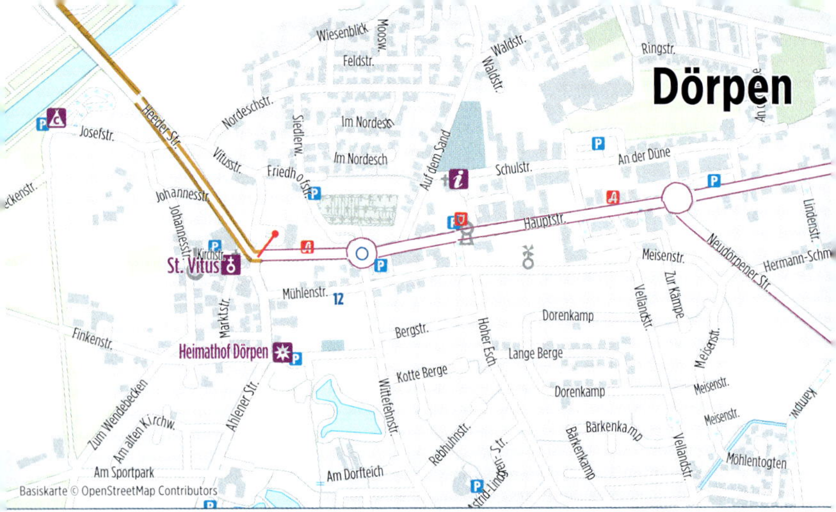

Gemeindeverwaltung Heede, Am Markt 6, ✆ 8906, @ dkv667

St.-Petrus-Kirche. Die Saalkirche wurde 1485 errichtet und besitzt im Inneren schöne Rankenmalereien.

1.000-jährige Linde. Der Baum in Heede ist ein beeindruckendes Naturdenkmal, dessen Stamm sich in zwölf Einzelstämme unterteilt und zusammen einen Umfang von ca. 18 m einnimmt.

Heeder See, Am See 1, ✆ 990700. Mit Cable Force Wakepark, Wasserski-, Wakeboard und Freizeitanlage sowie Gastronomie.

Heede ist ein alter Wallfahrtsort. Auf dem Friedhofsgelände neben den beiden Kirchen gibt es eine Wallfahrtskapelle. Hier wird auch erläutert welche Marienerscheinungen sich in der Mitte des 20. Jahrhunderts zugetragen haben sollen. Noch

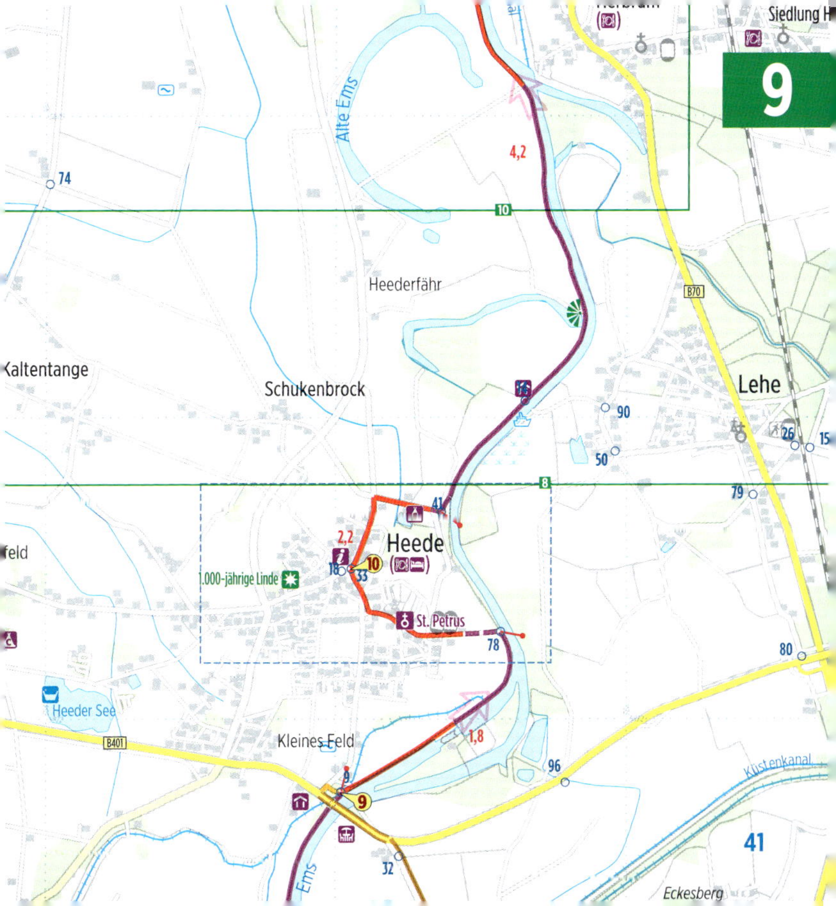
Siedlung H
9
Alte Ems
4,2
10
74
Heederfähr
B70
Kaltentange
Schukenbrock
Lehe
90
26
15
50
8
79
41
Heede
2,2
10
18
33
1.000-jährige Linde
St. Petrus
78
80
Heeder See
B401
Kleines Feld
1,8
96
9
9
Küstenkanal
41
32
Ems
Eckesberg

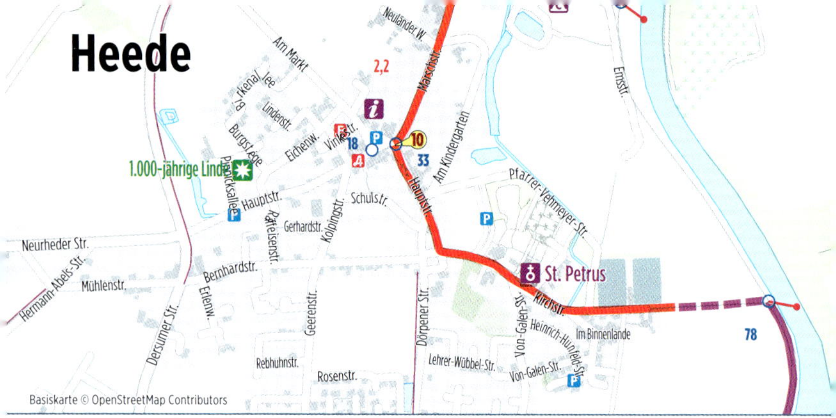

heute pilgern jährlich tausende Pilger nach Heede.

Borsum (Rhede (Ems))

11 Rhede (Ems)

Vorwahl: 04964

Touristikagentur, Emsstr. 15, im Landwirtschaftsmuseum, ✆ 1800, @ uhs313

Landwirtschaftsmuseum, Emsstr. 15, ✆ 1800 Das Rheder Landwirtschaftsmuseum als eines der 5 Emslandmuseen gibt Einblick in die durch Muskelkraft betriebene Landwirtschaft. Ausstellungsinhalt sind Geräte und Maschinen aus der Zeit zwischen 1850 und 1950. @ sfv218

Alte Rheder Kirche, Sudende 37. Der erste Kirchenbau stammt aus dem 13. Jh. Heute erblicken Sie einen spätgotischen Ziegelbau des 15. Jhs. mit rechteckigem Westturm und Kreuzgewölben. Aufgrund der besonderen Akustik finden hier wichtige Musikveranstaltungen der „Kirchenmusik im Emsland" statt.

Sie verlassen Rhede (Ems) durch das Gewerbegebiet, queren auf der Bellingolder Straße erneut die Ems und radeln

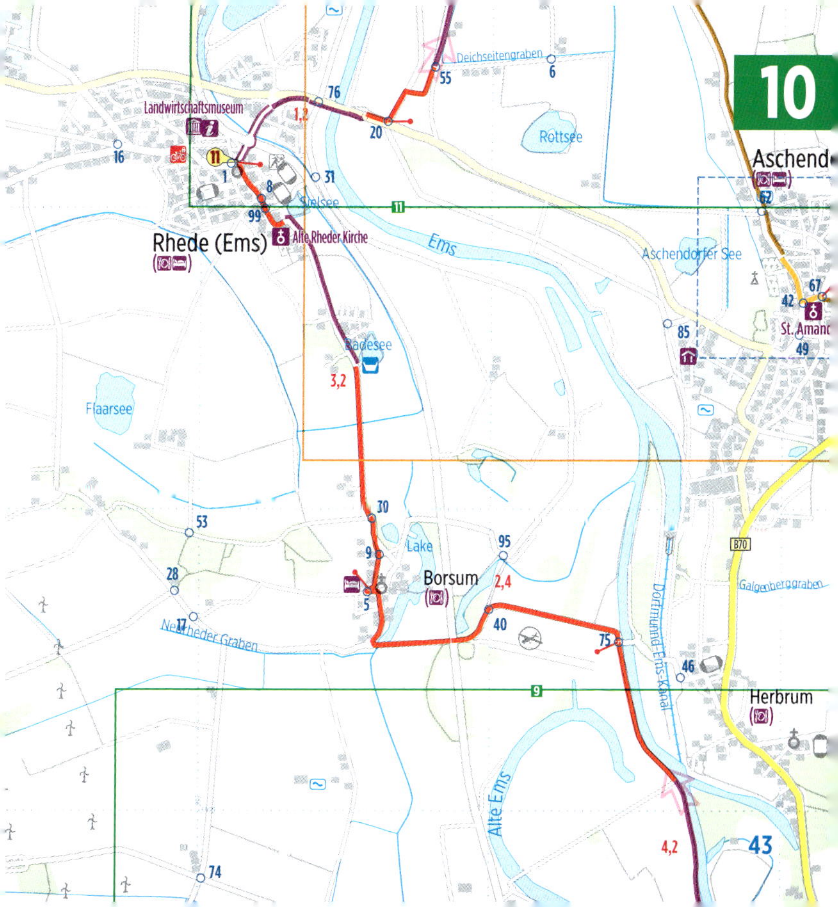
10
Landwirtschaftsmuseum
Rhede (Ems)
Alte Rheder Kirche
Sielsee
Ems
Deichseitengraben
Rottsee
Aschend
Aschendorfer See
St. Amand
Badesee
Flaarsee
Lake
Borsum
Neurheder Graben
Dortmund-Ems-Kanal
Alte Ems
Herbrum
Galgenberggraben
B70
1,2
3,2
2,4
4,2
43

auf dem befestigten Radweg, vorbei an der Meyer Werft bis nach Papenburg.

AUSFLUG Kurz vor Papenburg bietet sich die Möglichkeit Aschendorf einen Besuch abzustatten. Biegen Sie dazu auf die Tunxdorfer Straße 12 ab und fahren durch den Tunxdorfer Wald bis nach Aschendorf. Über die Emdener Straße und den Volkspark Bokel gelangen Sie nach Papenburg.

Tunxdorf (Papenburg)

Aschendorf (Ems) (Papenburg)

Vorwahl: 04962

- St. Amandus. Die ältesten Bauteile der röm.-kath. Kirche stammen aus dem 13. Jh. 1969 wurde das mittelalterliche Kirchenschiff durch einen Anbau erweitert.
- Gut Altenkamp, Am Altenkamp 1, ✆ 6505 Im norddeutschen Barockstil errichtetes Herrenhaus aus der ersten Hälfte des 18. Jhs. mit weitläufigen Park- und Gartenanlagen und einem prächtigen Kellergewölbe. Im Herrenhaus finden kultur- und kunsthistorische Ausstellungen der Stiftung Preußischer Kulturbesitz Berlin statt. @ iup554

In Aschendorf gründete man bereits um 800 eine Kirche. In einem mehr als 100 Jahre langen Freiheitskampf wehrten sich die Aschendorfer gegen die Zugehörigkeit zum Bistum Münster. Aus dieser Zeit, ca. 1252, geht auch die St.-Amandus-Kirche mit ihrem gewaltigen Wehrturm

Gut Altenkamp, Aschendorf

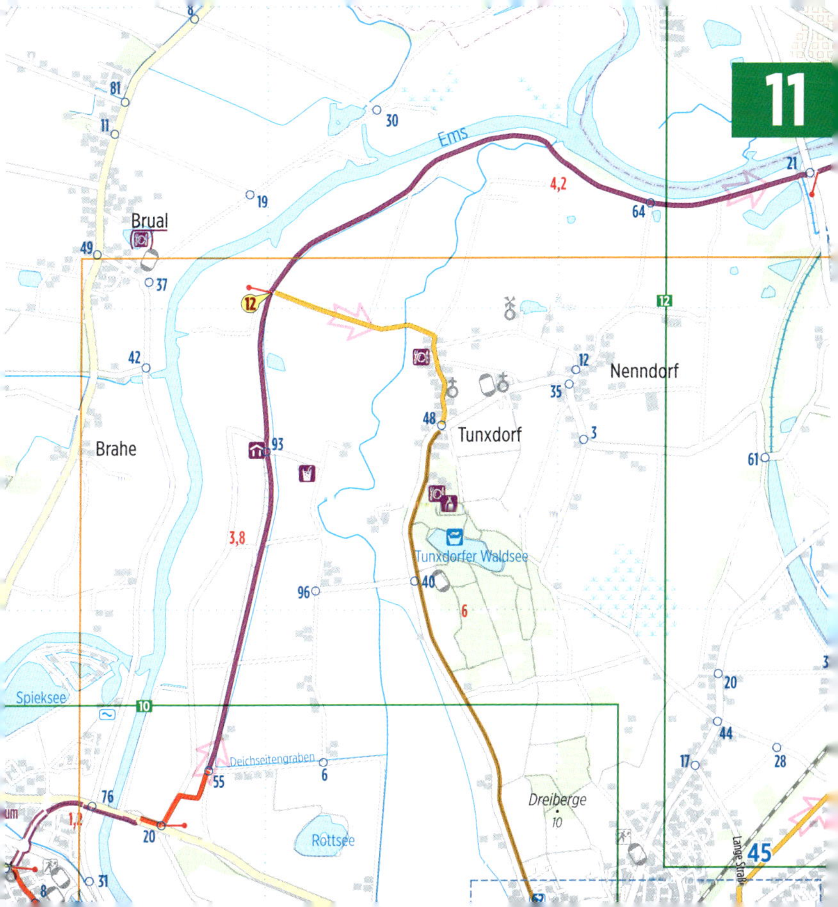
11
Ems
4,2
Brual
Nenndorf
Tunxdorf
Brahe
3,8
Tunxdorfer Waldsee
6
Spieksee
Deichseitengraben
Rottsee
Dreiberge
10
1,2
Lange Straße
45

hervor. Seit 1972 gehört Aschendorf zu Papenburg.

13 Papenburg

Vorwahl: 04961

Tourist-Information Meyers Mühle, Hauptkanal rechts 34, ✆ 83960, @ xgc234

Papenburger Hafenrundfahrten, ✆ 0171/5204923. Anleger am Forum Alte Werft, ideale Ergänzung zur Besichtigung der Meyer Werft. @ kvt227

Schifffahrtsfreilichtmuseum, Hauptkanal rechts 68-69, ✆ 83960. Alte Papenburger Schiffe, nach Originalplänen nachgebaut, liegen in den Kanälen von Papenburg.

Bockwindmühle, Wiek links, ✆ 4358 Die Bockwindmühle ist die letzte Mühle dieser Art im Emsland. Die gesamte Mühle lässt sich drehen und passt sich somit ideal an die Windrichtung an.

Meyers Mühle, Hauptkanal rechts 34, ✆ 835257 Im Galerie-Holländer (1888) finden Ausstellungen statt. Außerdem befindet sich hier die Tourist-Information mit Fahrradverleih.

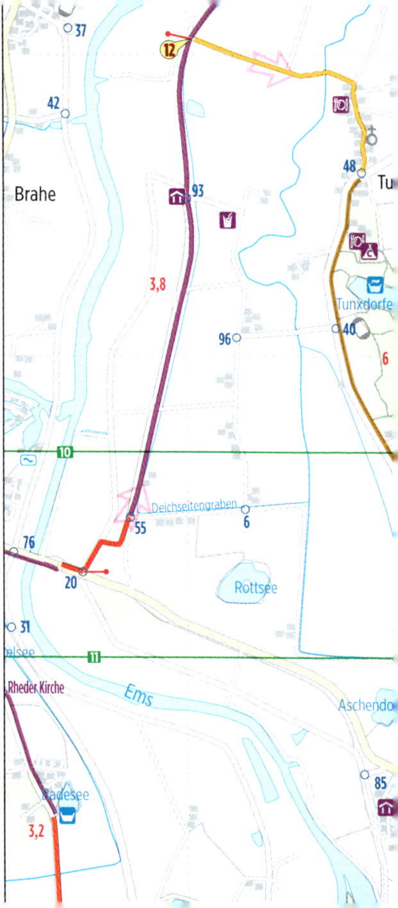

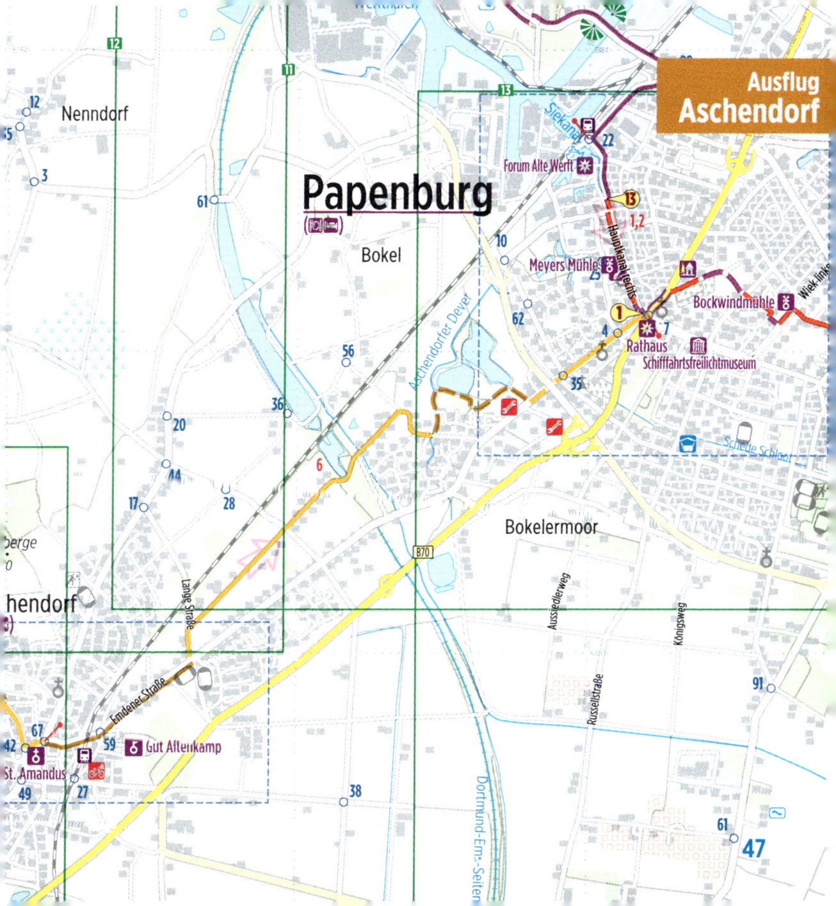

Ausflug Aschendorf
Papenburg
Nenndorf
Bokel
Bokelermoor
Siekanal
Forum Alte Werft
Meyers Mühle
Hauptkanal rechts
Bockwindmühle
Wiek links
Rathaus
Schifffahrtsfreilichtmuseum
Aschendorfer Dever
Schede Schloot
Lange Straße
Emdener Straße
Gut Altenkamp
St. Amandus
Aussiedlerweg
Russellstraße
Königsweg
B70
Dortmund-Ems-Seiten
hendorf
47

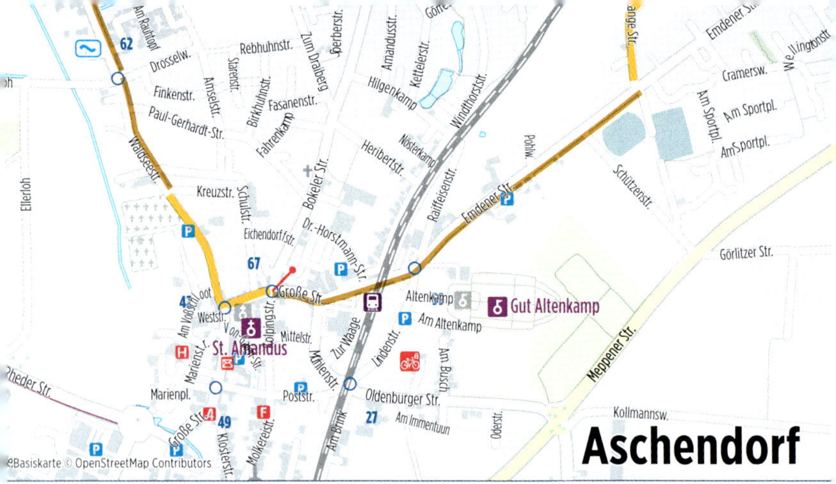

❄ **Besucherzentrum Meyer Werft.** Das Besucherzentrum Meyer Werft bietet öffentl. Führungen an. Buchbar über Papenburg Marketing GmbH ✆ 83960. Besucher erleben den Bau von Kreuzfahrtschiffen im weltgrößten Trockendock. @ gik561

❄ **Forum Alte Werft**, Ölmühlenweg 9, ✆ 82307. Das Gebäude repräsentiert alte Industriearchitektur und beherbergt heute ein Kultur- und Freizeitzentrum. @ btq264

❄ **Rathaus**, Hauptkanal rechts 68/69. Vor dem Rathaus im neubarocken Stil befindet sich der hübsche Rathausplatz.

Im Jahre 1631 erhielt der damalige Drost des Emslandes, Dietrich von Velen, die inmitten einer großen Hochmoorfläche gelegene Wasserburg Papenborg als Lehen. Er regte an hier eine Fehnkolonie zu gründen. Dafür wurden von der Ems aus breite Kanäle zur Entwässerung in das Moor gezogen und das Land urbar gemacht. Im Zuge der Zeit

12
Völlen
Halte
Vorhafen
Seehafen
Meyer Werft
Werfthafen
Völlenerfehner Schloot
Völlenerf
B70
Papenburg
Siekanal
Forum Alte Werft
Hauptkanal rechts
Meyers Mühle
Bokel
Aschendorfer Dever
Rathaus
Schifffahrtsfreilichtmuseum
Bockwindmühle
Wiek links
Schede Schloot
Bokelermoor
L51
2,8
1,2
49

Fehnkanal, Papenburg

entwickelte sich die Fehnkolonie auch zu einem wichtigen Hafen. An diese Zeit erinnern die in Originalgröße nachgebauten alten Segelschiffe, die in den Kanälen im Zentrum des Städtchens im Rahmen eines Freilichtmuseums zu besichtigen sind. Auch die große Meyer Werft, gegründet als Holzschiffswerft 1795, geht auf diese Zeit zurück. Sie ist heute eine der größten Werften der Welt. Jahr für Jahr besuchen knapp 300.000 Menschen die Werft und erleben hautnah wie moderner Schiffsbau funktioniert.

Papenburg ist mit seinen rund 35.000 Einwohnern genauso groß wie Leer und hat sich mit der Zeit als kulturelles und wirtschaftliches Zentrum des nördlichen Emslandes herausgebildet. Die Stadt ist die älteste und längste Fehnkolonie Deutschlands. Äußerst schmuck präsentiert sich das verkehrsberuhigte Zentrum mit den idyllischen Kanälen, den ankernden Schiffen und malerischen Klapp- und Drehbrücken.

Papenburg
Siekanal
Am Dreieck
Bahnhofstr.
An der Hoekweide
Friesenstr.
Overledinger Str.
Deverhaven
Deverhafen
Forum Alte Werft
An der Alten Werft
Ölmühlenweg
Hoffskanal
Von-Arenberg-Str.
Hoek
Winkelstraße
Kirchstr.
Wichernstr.
Dechant-Schütte-Str.
Hans-Böckler-Str.
Wilhelm-Leuschner-Str.
Legienstr.
Juister Str.
Borkumer Str.
Norderneyer Str.
Langeooger Str.
Baltrumer Str.
Osterkanal
Kapitän-Sassen-Str.
Deverweg
Am Emscenter
Hauptkanal rechts
Hauptkanal links
Landsbergstr.
Dietrich-v.-Velen-Str.
Kleiner Fahnenweg
Fahnenweg
Richter-Bueren-Str.
Spiekerooger Str.
Wangerooger Str.
Am Stadtpark
Meyers Mühle
Richardstr.
Bgm.-Hettlage-Str.
Auf der Deverweide
Alter Schulweg
Bockwindmühle
Im Quadrätchen
Hermann-Lange-Str.
Wiek links
Wiek rechts
Karl-Hilbers-Str.
Feilings Goarden
Gottfried-Meyer-Str.
Rathaus
Rathausstr.
Am Anker
Weißenburg
Friederikenstr.
Meppener Str.
Schifffahrtsfreilichtmuseum
Gasthauskanal
Rheiderlandstr.
Moorstr.
An der Marktkirche
Hermann-Brandi-Str.
Russellstr.
Schillerstr.
Uhlandstr.
Goethestr.
Graf-Luckner-Str.
Lessingstr.
Kleiststr.
Emdener Straße
Dieckhausstr.
Lünkenweg
Wacholderweg
Meßmannstr.
Schede Schloot
10
22
13
1,2
25
62
1
4
35

Von Papenburg nach Haselünne 68,7 km

HM/km: ↗ 1,3 (86m) ↘ 1,1 (74m) Radweg: 40 % Unbefestigt: 6 % Verkehr: 0 %

Dieser Abschnitt führt Sie ausgehend von Papenburg über die Hügellandschaft des Hümmlings bis nach Haselünne. Es stehen ihnen zwei Varianten der Emsland-Route zur Verfügung. Während die Standardroute von Börgermoor über Börger nach Sögel führt, radeln Sie auf der etwas weitläufigeren Variante vorbei an Esterwegen, Vrees und Werlte über den Hümmling. Neben den zahlreichen Großsteingräbern entlang des Weges, stellt das eindrucksvolle Jagdschloss Clemenswerth einen sehenswerten Fixpunkt dieses Abschnitts darf. Mühlenfreunde sollten außerdem in Hüven einen Zwischenstopp einplanen, um bei der Wind- und Wassermühle an der Mittelrade Rast zu machen. Das Grande Finale des Abschnitts ist Haselünne, welche mit ihren zahlreichen Brennereien einiges zu bieten hat.

Abseits verkehrsreicher Wege, auf vielen Radwegen und ohne nennenswerte Steigungen hält dieser Abschnitt alles bereit, was das Radlerherz höher schlagen lässt. Auch der Untergrund passt: Nur kurze Streckenabschnitte führen über unbefestigte Wege.

Es gibt eine Anschlussmöglichkeit zwischen Haselünne und Meppen, welche am Ende dieses Abschnitts beschrieben ist.

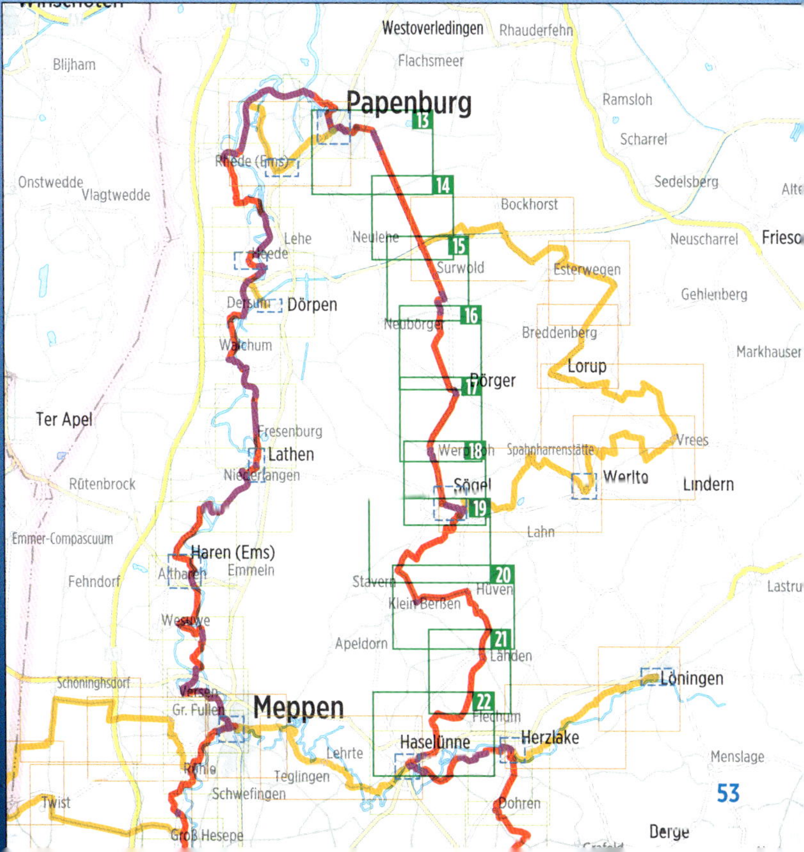
Westoverledingen
Rhauderfehn
Flachsmeer
Blijham
Papenburg
13
Ramsloh
Scharrel
Rhede (Ems)
Onstwedde
Vlagtwedde
14
Sedelsberg
Bockhorst
Lehe
Neulehe
Neuscharrel
15
Surwold
Esterwegen
Heede
Dörpen
Dersum
Gehlenberg
16
Neubörger
Breddenberg
Walchum
Markhauser
Lorup
Börger
17
Ter Apel
Fresenburg
Vrees
Lathen
18
Werpeloh
Spahnharrenstätte
Niederlangen
Werlte
Lindern
Rütenbrock
Sögel
19
Lahn
Emmer-Compascuum
Haren (Ems)
Altharen
Emmeln
20
Fehndorf
Stavern
Hüven
Lastru
Klein Berßen
Wesuwe
Apeldorn
21
Lähden
Löningen
Schöninghsdorf
Versen
Meppen
Gr. Fullen
22
Flechum
Haselünne
Herzlake
Lehrte
Menslage
Rühle
Teglingen
Schwefingen
Twist
Dohren
Groß Hesepe
Derge

1 Papenburg

Sie fahren durch den Papenburger Stadtteil Obenende und radeln auf einer ruhigen Nebenstraße entlang des Splitting-Kanals bis nach Börgerwald.

2 Obenende (Papenburg)

Vorwahl: 04961

Von-Velen-Anlage, Splitting rechts 56, ✆ 73742 Alte Häuser der Fehnkolonie, Pütten, Verlaatsschleuse, Helling und Brücken. Sonstige Attraktionen sind das Pfannkuchen-Essen im „Papenbörger Hus" (Splitting rechts 56) und eine Bootsfahrt auf dem Von-Velen-Kanal. @ axo442

Alter Turm, Umländerwiek rechts, ✆ 73742 Das Wahrzeichen Oberendes wurde 1848 bis 1850 nach dem Vorbild des Leuchtturms von Riga erbaut und war Teil der ehemaligen Oberender Kirche (abgerissen 1910). Die 130 Stufen des Turms können im Rahmen einer Führung erklommen werden.

Papenburger Sternwarte, Bethlehem rechts 51b, ✆ 9431313 Ein großes Tele-

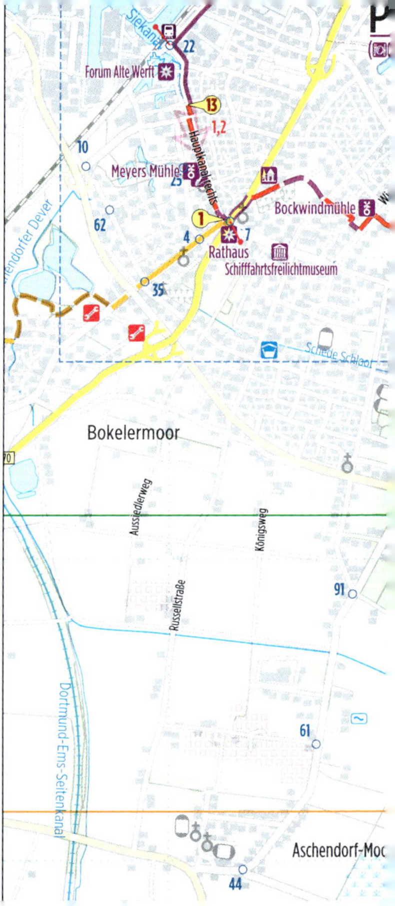

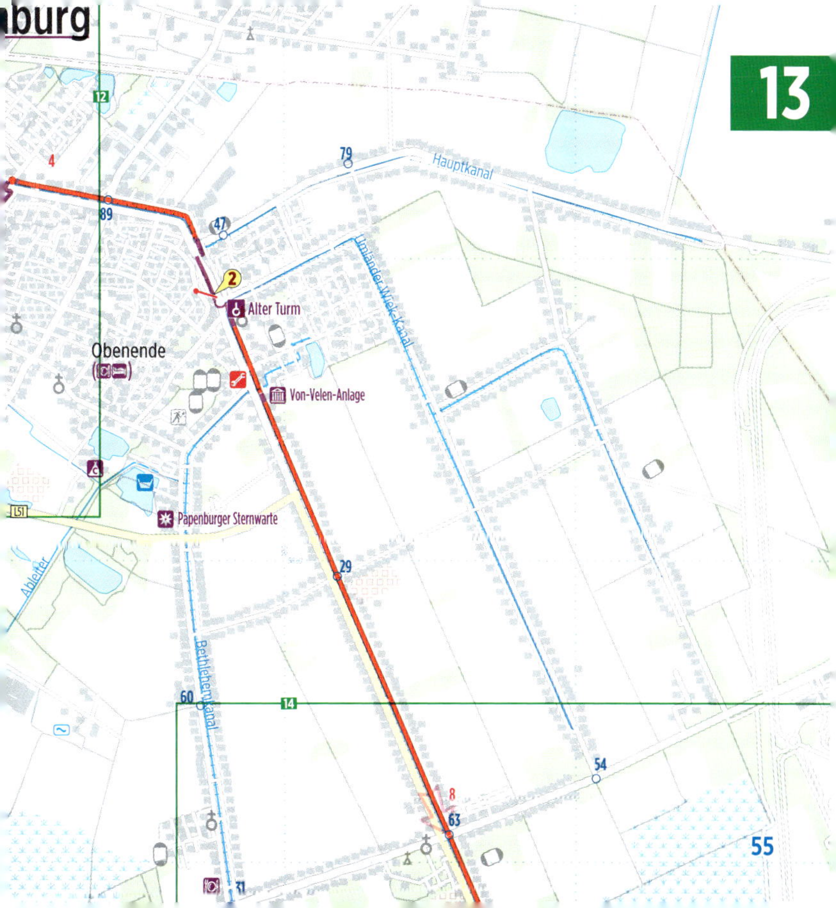

burg
13
12
4
89
47
79
Hauptkanal
Umländer Wiek-Kanal
2
Alter Turm
Obenende
Von-Velen-Anlage
Papenburger Sternwarte
L51
Ableiter
29
Bethlehemkanal
60
14
54
8
63
31

Bockwindmühle, Papenburg

skop (Coude-Refraktor von Carl Zeiss), eine 5 m Kuppel sowie ein Schauraum ermöglichen einen atemberaubenden Blick auf die Sterne. MO ab 20:00 geöffnet. @ cmx413

3 Börgermoor (Surwold)

Der Hümmling

Die klassische Hügellandschaft des Hümmlings hat ihren Ursprung in der Weichsel-Eiszeit. Vor 10.000 Jahren begann sich das Eis zurückzuziehen und die Grundlage für die Moore und Hügel entstand. Während sich im Moorgebiet im Laufe der Zeit Torf bildete, der in weiterer Folge auch abgebaut und genutzt wurde, so war die noch junge und sich auf sandigem Grund bildende Humusschicht nicht stark genug, um Rodungen für den Ackerbau und die Viehzucht standzuhalten. Das Gebiet des Hümmlings versandete

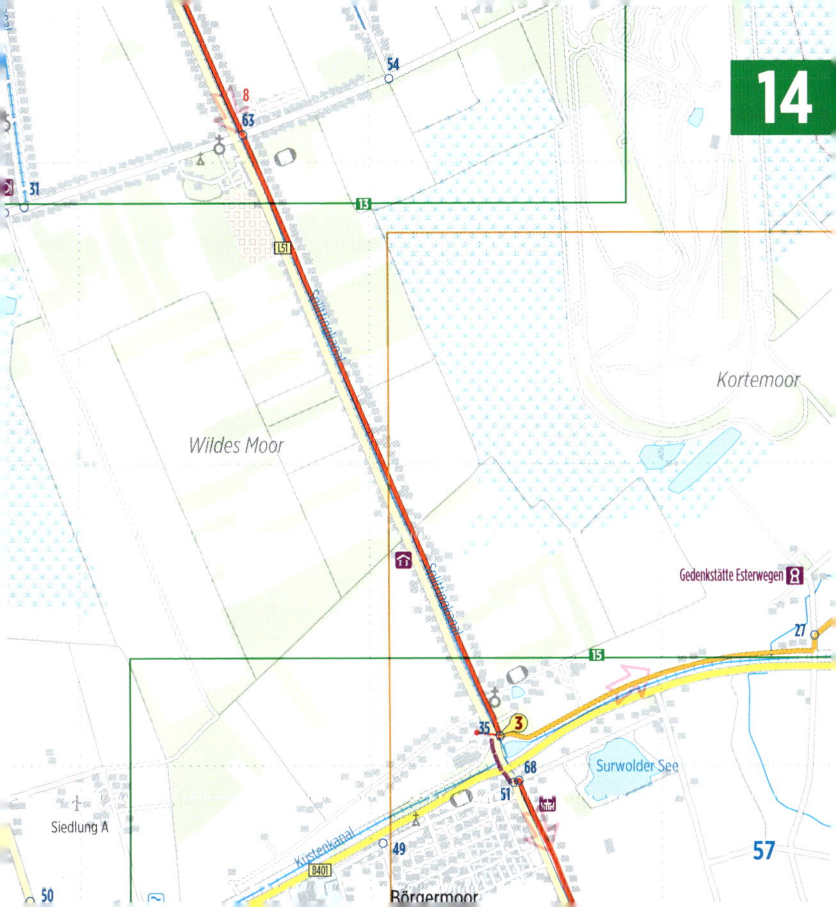
14
54
8
63
31
13
L51
Splittingkanal
Kortemoor
Wildes Moor
Gedenkstätte Esterwegen
27
15
35
3
68
51
Surwolder See
Siedlung A
Küstenkanal
49
B401
57
50
Börgermoor

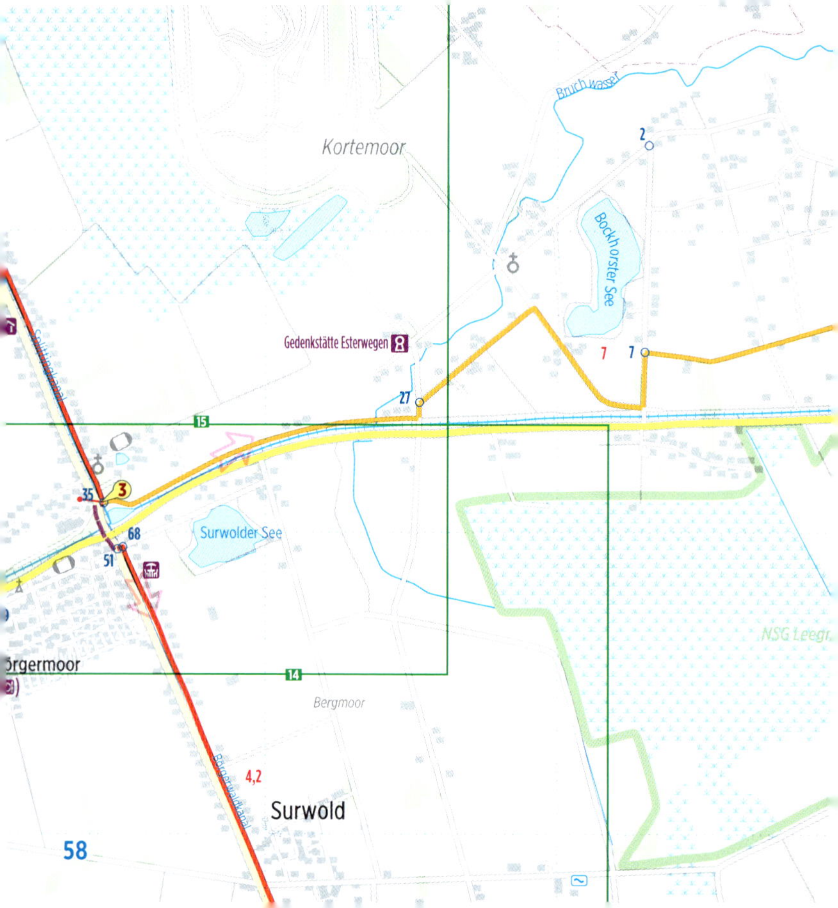
Bruchwasser
Kortemoor
2
Bockhorster See
Gedenkstätte Esterwegen
7
7
27
15
3
35
68
51
Surwolder See
örgermoor
14
Bergmoor
NSG Leegm
Börgerwaldkanal
4,2
Surwold

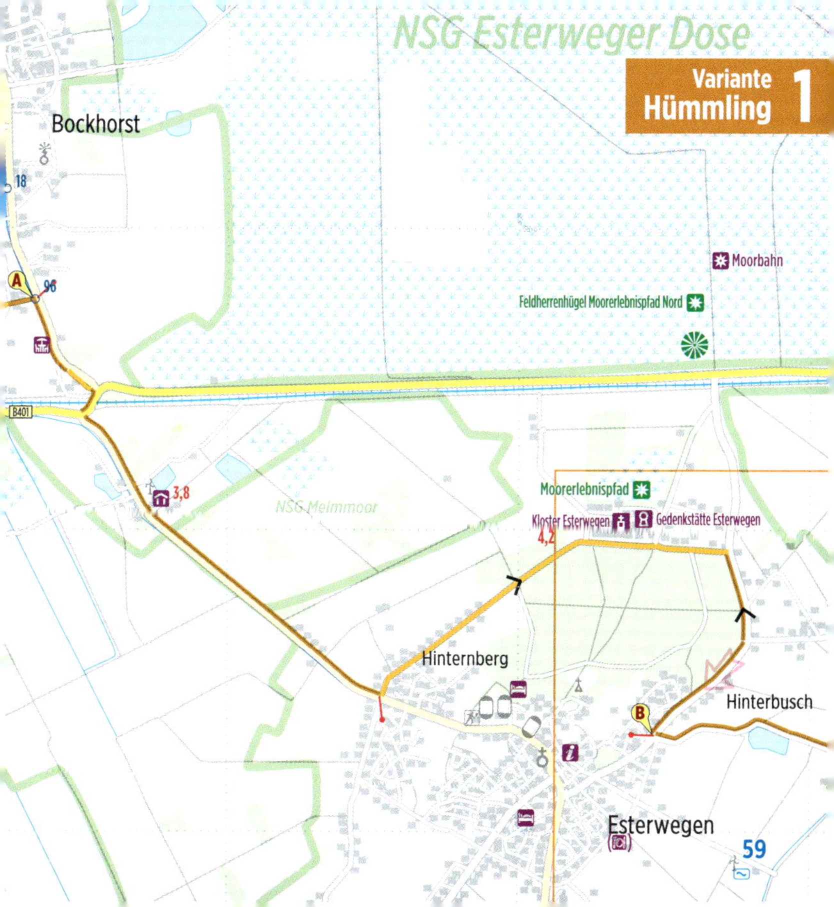
NSG Esterweger Dose
Variante Hümmling 1
Bockhorst
18
A
96
B401
Moorbahn
Feldherrenhügel Moorerlebnispfad Nord
3,8
NSG Melmmoor
Moorerlebnispfad
Kloster Esterwegen
Gedenkstätte Esterwegen
4,2
Hinternberg
Hinterbusch
B
Esterwegen
59

zusehends. Es bildeten sich nährstoffarme Binnendünen und Heidelandschaften, ideal auch für den hier vorkommenden Wacholder. Um der sich ausbreitenden Versandung entgegenzuwirken, wurden bewusste Pflanzungen von Kiefern und Fichten initiiert, welche den Boden stabilisieren sollten. Eine Maßnahme, die von Erfolg gekrönt war – der Hümmling gilt heute als die waldreichste Region des Emslandes.

VARIANTE In Börgermoor bietet sich die verlängerte Version der Emslandroute mit der Variante über den Hümmling an. Biegen Sie dafür vor der Brücke **3** nach links in Richtung Bockhorst ab.

Gedenkstätte Esterwegen

A Bockhorst

B Esterwegen

Vorwahl: 05955

- **Info-Zentrum Esterwegen**, Dorfpl. 2, ✆ 902378, ✆ 0173/5841516, @ vik412
- **Gedenkstätte Esterwegen**, Hinterm Busch 1, ✆ 988950 In Summe 15 Konzentrations-, Straf und Kriegsgefangenenlager gab es in Zeiten des Nationalsozialismus im Emsland. Im Lager Esterwegen fanden ab 1933 zweitausend Häftlinge Platz und wurden per Zwangsarbeit zur Moorkultivierung eingesetzt. Die Gedenkstätte dient als historischer Lernort und erinnert an die Gräuel der ersten Hälfte des vorigen Jahrhunderts. @ xvg486
- **Kloster Esterwegen**, Hinterm Busch 7a, ✆ 935700, ✆ 0173/2689234 Besucher des 2007 geweihten Mauritzer-Franziskaner-Ordens können den „Raum der Sprachlosigkeit“ und die Kapelle besuchen. Hier wird sich an die Häftlinge der

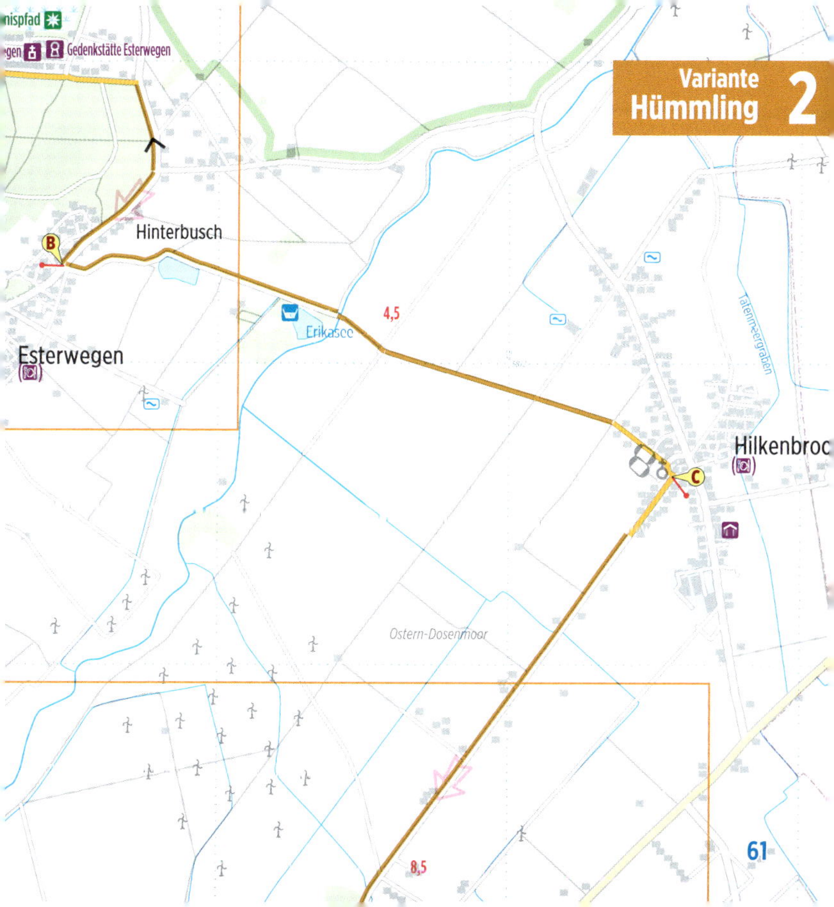

Variante
Hümmling
2
nispfad
Gedenkstätte Esterwegen
Hinterbusch
B
Esterwegen
Erikasee
4,5
Hilkenbroc
C
Tatenmeergraben
Ostern-Dosenmoor
8,5

Konzentrationslager im Emsland erinnert. @ hgo736

MoorInfoPfad Esterwegen, Hinterm Busch 1, ✆ 902378. Der Erlebnispfad inkl. Infostation führt mit 17 Stationen durch das Melmmoor. @ web832

Erikasee, Zum Erikasee, @ fqd221

C Hilkenbrook

D Lorup

Bauerngarten, Rastdorfer Str. 1, hinter dem Rathaus (24) Hinter dem ehemaligen Krankenhaus (heute als Rathaus genutzt) befindet sich ein liebevoll gestalteter Bauerngarten mit angeschlossener Streuobstwiese. Zwischen den Sträuchern und Bäumen darf nicht nur geschlendert und gestaunt, sondern auch genascht werden.

Rastdorf

Heimathaus, Am Sportplatz 1, ✆ 05956/1222 Ⓒ Das typische Kolonistenhaus wurde aus Herßum nach Rastdorf versetzt und erinnert an die Menschen, die während des Zweiten Weltkriegs per Zwang in das Emsland umgesiedelt wurden. @ cth256

E Vrees

Plingenberger Steine (24) Die Plingenberger Steine sind von fünf Großsteingräbern rund um Vrees das einzige heute noch erhaltene. Heute findet man dort 6 Wandsteine der nordwest-südöstlich ausgerichteten Grabkammer. Außerdem sind zwei Decksteine sowie das Bruchstück eines dritten erhalten.

F Werlte

Vorwahl: 05951

Samtgemeinde Werlte, Marktstr. 1, ✆ 20157, @ oie241

Kreutzmanns Mühle, Kirchstr. 24, ✆ 2893 Ⓒ Die Gallerieholländer-Windmühle aus dem Jahr 1881 wird wurde in den 1990er Jahren restauriert und in den Originalzustand zurückversetzt. Heute ist sie wieder jeden Samstag Vormittag in Betrieb und kann besichtigt werden.

De Hoogen Steener, Loruper Str. (24) Als längste Hügel-Grabkammer des Emslands gilt die 29 m lange De Hoogen Steener im Norden von Werlte. Das Großsteingrab ist gut erhalten und Teil der Straße der Megalithkultur.

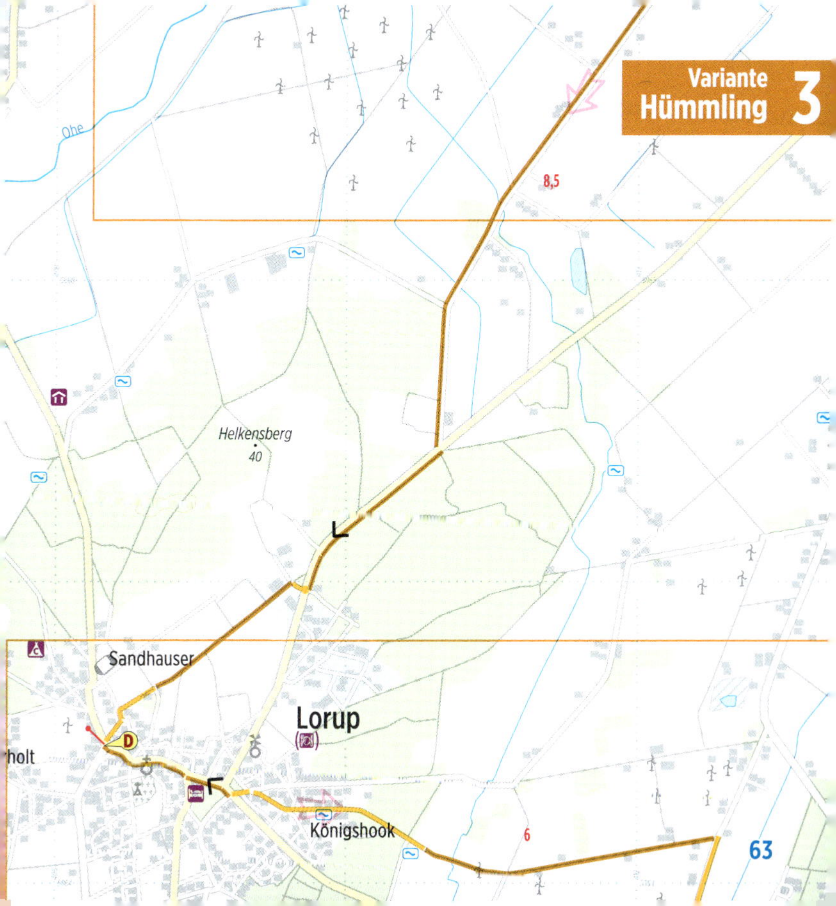
Variante
Hümmling
3
Ohe
8,5
Helkensberg
40
Sandhauser
Lorup
holt
Königshook
6

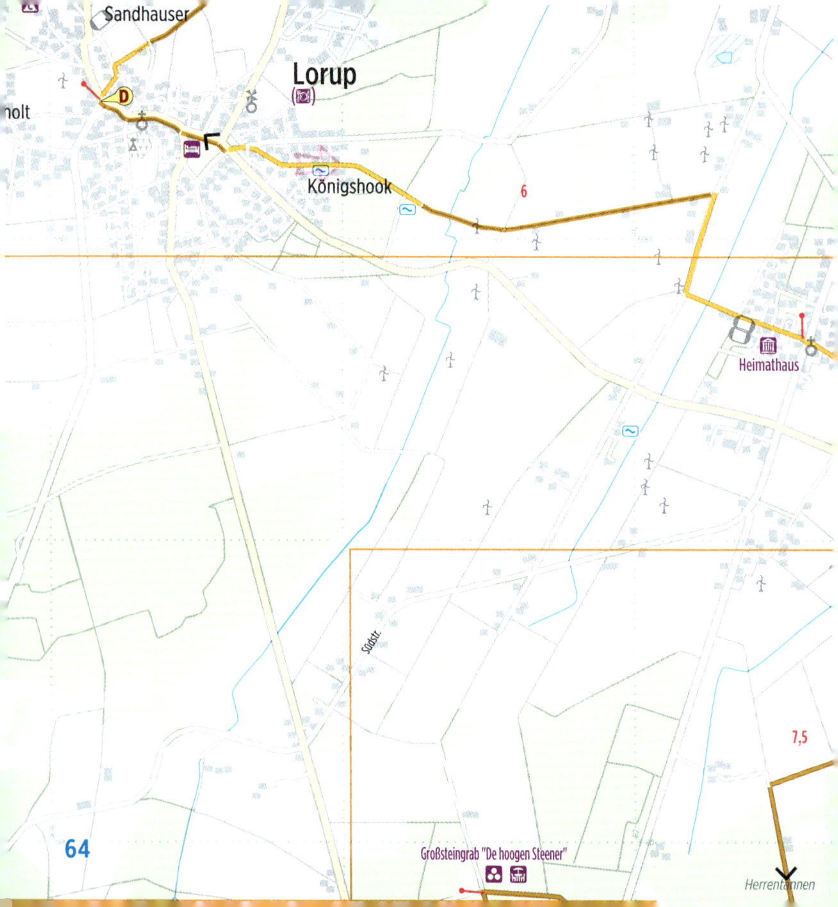

Sandhauser
Lorup
nolt
Königshook
6
Heimathaus
Südstr.
7,5
Großsteingrab "De hoogen Steener"
Herrentannen

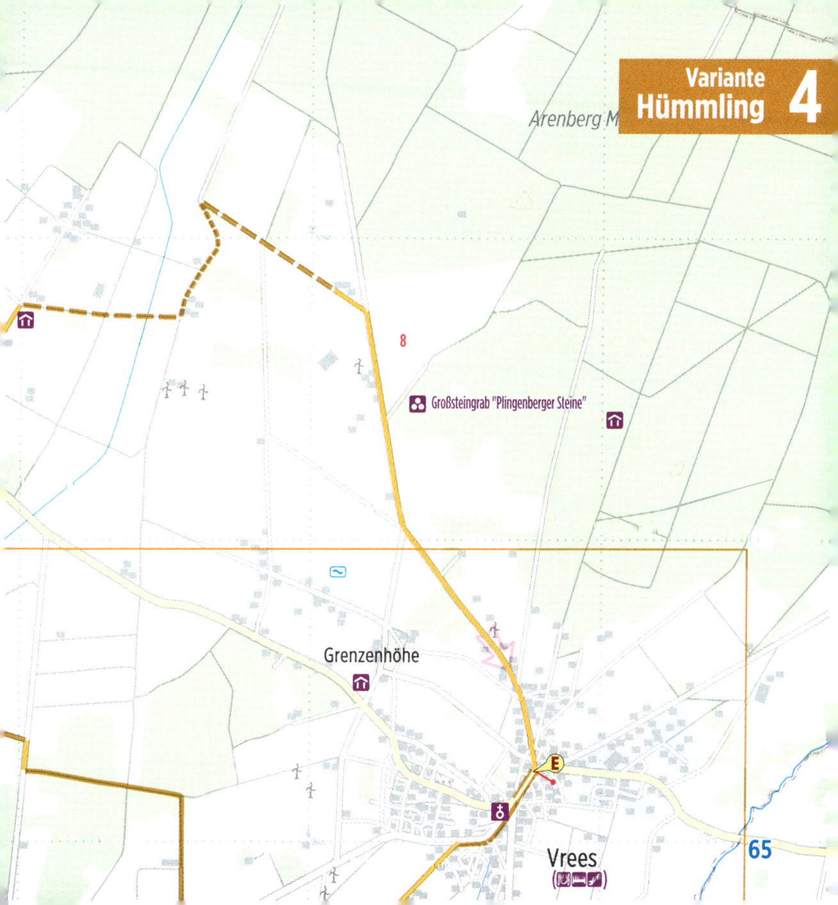
Arenberg M
8
Großsteingrab "Plingenberger Steine"
Grenzenhöhe
E
Vrees

Kreuzmanns Mühle, Werlte

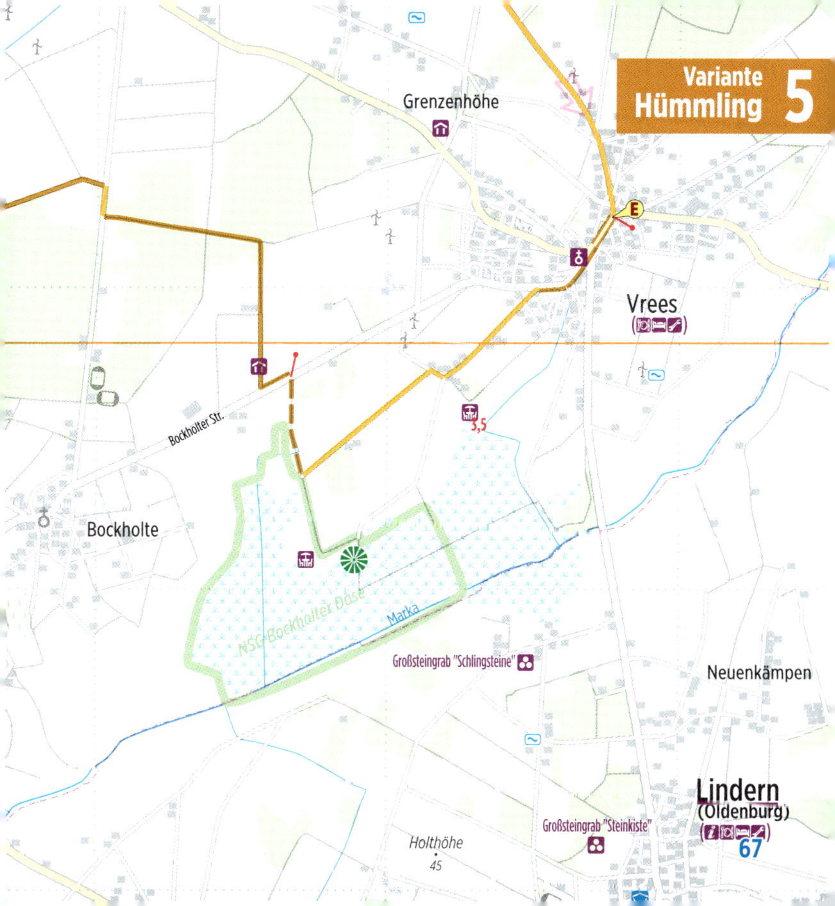

Variante
Hümmling
5
Grenzenhöhe
E
Vrees
Bockholter Str.
3,5
Bockholte
NSG Bockholter Dose
Marka
Großsteingrab "Schlingsteine"
Neuenkämpen
Lindern
(Oldenburg)
Großsteingrab "Steinkiste"
Holthöhe
45

Hallenbad, Taubenweg 4, ✆ 644, @ bqt864

G Spahnharrenstätte

Großsteingräber

Die beeindruckenden Grabkammern, aus riesigen Felsbrocken gebaut, werden in der Fachsprache „Megalithgräber" genannt (von „mega" für groß und „lithos" für Stein). Sie haben ihren Ursprung in der Jungsteinzeit, in welcher sich die Menschen von der nomadischen Jäger- und Sammlerkultur langsam aber stetig zu sesshaften Bauern entwickelten. Die veränderte Lebensweise führte zu neuen Bestattungsritualen, welche sich in den z. T. bis heute erhaltenen Großsteingräbern manifestierte. Unter viel Aufwand wurden in Zeiten ohne Technik und Maschinen große Granitfindlinge als

Großsteingrab bei Groß Berßen

Werlte
Kreutzmanns Mühle
Sixtuskirche
Am Markt
Marktstiege
Kirchstr.
Hauptstr.
Loruper Str.
Kolpingstr.
Harrenstätter Str.
Sternbusch
Auf dem Helm
Rastdorfer Str.
Nordholte
Steinfehn
Hilligenw.
Taubenw.
Falkenw.
Drosselw.
Amselw.
Finkenw.
Schwalbenw.
Nordw.
Lerchenw.
Danziger Str.
Stettiner Str.
Königsberger Str.
Heilsberger Str.
Sundernw.
Leipziger Str.
Berliner Str.
Breslauer Str.
Dresdener Str.
Ostdeutsche Str.
Flachspohler W.
Alte Gärtnerei
Tannenw.
Auf dem Langenhain
Hinterm Teich
Birkenw.
Erlen W.
Fichtenw.
Lindenstr.
Kiefernw.
Flurstr.
Pappelw.
Rotdornw.
Akazienstr.
Bahnhofstr.
Kleiner W.
Gartenstr.
Marktstr.
Sögeler Str.
Berggarten
Kellerstr.
Poststr.
Meyerhof
Markenstr.
Brinkstr.
Molkereistr.
Am Pfad
Wöstenw.
Tulpenw.
Rosenw.
Sohrfeld
In der Knüve
Lüken Damm
Holthaus
Veilchenw.
Fleerst.
Delfw.
Wahmer Str.
Markuslustw.
Am Tennispl.
Schillerw.
Windthorststr.
Schulw.
Kösterstr.
Lessingstr.
Lönsstr.
Fontanestr.
Kleistw.
Osterend
Theodor-Storm-Str.
Hans-Hoppe-Str.
Eichendorffstr.
Kirchstr.
Mühlenfeld
Sonnenw.
Haselw.
Heidew.
Wacholderw.
Sanddornw.
Hagebuttenw.
Willy-Brandt-Str.
Carl-Friedrich-von-Weizsäcker-Str.
Harrenstädter W.
skarte: © OpenStreetMap Contributors

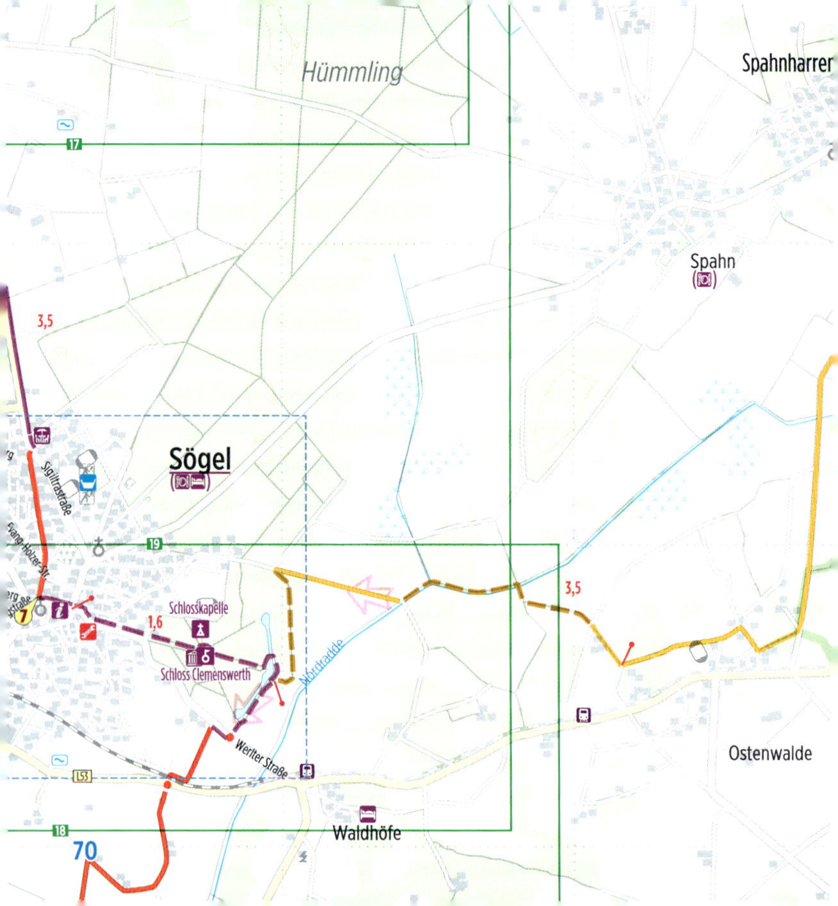

Hümmling
Spahnharrer
17
Spahn
3,5
Sögel
Sigiltrastraße
Evang.-Holzer-Str.
19
Schlosskapelle
1,6
Schloss Clemenswerth
3,5
Nordradde
Werlter Straße
L53
Ostenwalde
18
Waldhöfe
70

Variante Hümmling 6
Harrenstätte
Hempenpohl
4,7
3,5
NSG Moorwiesen am Theikenmeer
NSG Theikenmeer
Kreutzmanns Mühle
Pökers Pohl
Menschenberg
40
Silbersee
Wehm

Grundlage für den Bau von Grabkammern verwendet. Die Gräber selbst überdauerten und wurden vermutlich über mehrere Generationen hinweg als Grab genutzt. In manchen Megalithgräbern wurden Skelettreste von bis zu 150 Individuen gefunden. Während die Bauweise der Gräber regional variieren kann, so ist in Nordwestdeutschland das Ganggrab üblich. Diese Gräber sind klassisch nach Süden ausgerichtet und besitzen einen aus Steinen gebauten Zugang. Neben den Großsteingräbern gibt es auch viele weitere Megalithbauten. Auch Steinreihen, Tempel, Steinkreise und Menhire (allein stehende, aufgerichtete Steine) stammen aus dieser Zeit. Das bekannteste ist wohl das Stonehenge in Südwestengland.

Surwold

4 Börgerwald (Surwold)

Vorwahl: 04965

- **Erholungsgebiet Surwolds Wald**, Waldstr. 30, ✆ 91310. Das Erholungsgebiet bietet allerlei Spannendes für Groß und Klein. Darunter ein Märchenwald, eine Sommerrodelbahn, Minigolf, Bogenschießen, ein Aussichtsturm, u. v. m.
- **Freibad Surwold**, Gartenstr. 3, ✆ 555, @ xmo662

Sie verlassen Börgerwald durch den Erlebniswald mit Waldwegen und leichter Steigung. Sobald Sie den Erlebniswald hinter sich gelassen haben fahren Sie auf ruhigen Nebenstraßen sowie straßenbegleitenden Radwegen bis nach Sögel.

5 Börger

- **Steenhus von Börger** (24) Von dem neolithischen Ganggrab sind noch 9 Decksteine vorhanden.
- **Historischer Schaftstall** (24) Mit diesem Kulturdenkmal wird an Zeiten erinnert, als die Schafhaltung noch ein wichtiger Wirtschaftszweig der Region war. Eine Besichtigung ist nur von Außen möglich.

6 Werpeloh

- **Großsteingrab in den Klöbertannen** (24) Von dem Großsteingrab sind noch 10 Decksteine vorhanden.

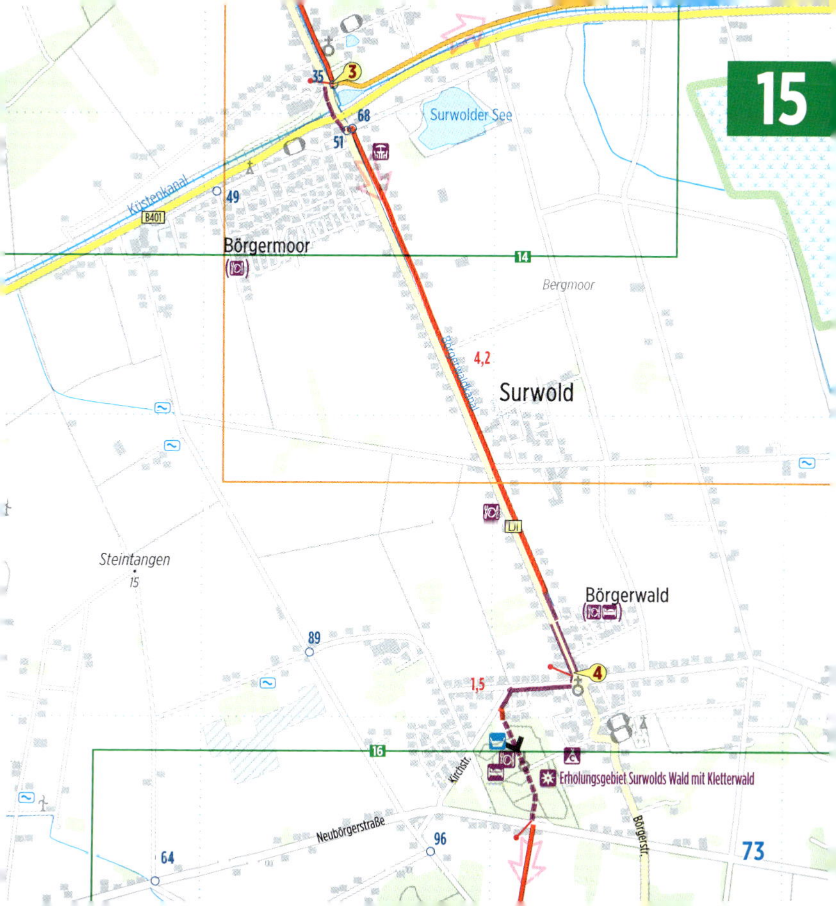
15
Surwolder See
Küstenkanal
B401
Börgermoor
Bergmoor
Surwold
Börgerwaldkanal
4,2
Steintangen
Börgerwald
1,5
Kirchstr.
Erholungsgebiet Surwolds Wald mit Kletterwald
Neubörgerstraße
Börgerstr.
14
16
35
68
51
49
89
64
96
3
4

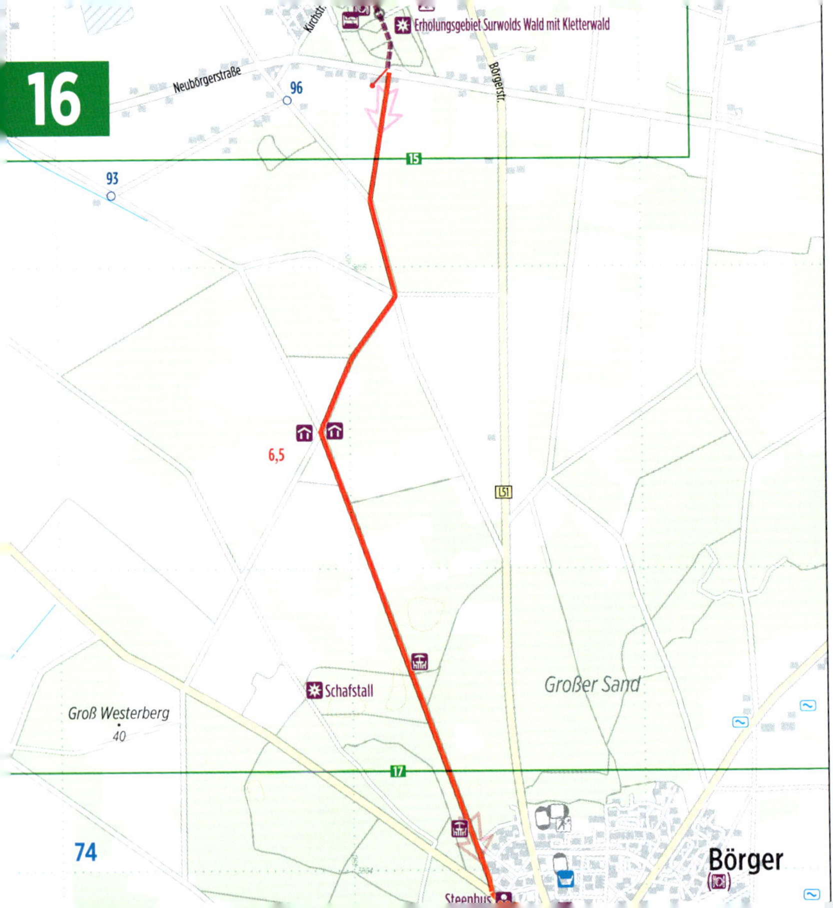

16
Erholungsgebiet Surwolds Wald mit Kletterwald
Kirchstr.
Neubörgerstraße
96
Börgerstr.
15
93
6,5
L51
Schafstall
Großer Sand
Groß Westerberg
40
17
Börger
Steenhus

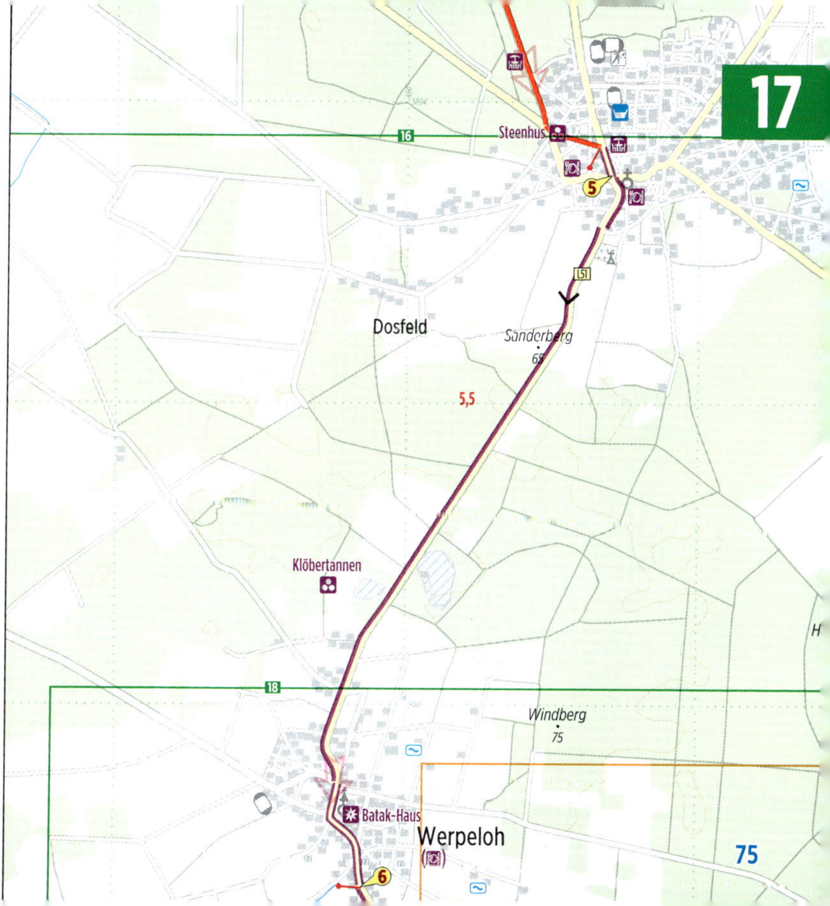
17
Steenhus
16
5
L51
Dosfeld
Sanderberg
65
5,5
Klöbertannen
18
Windberg
75
Batak-Haus
Werpeloh
6
H

Erbprinz Engelbert Karl von Arenberg Statue, Schlosspark Clemenswerth

Batak-Haus, Hauptstr. 33, ✆ 05952/400 In Anlehnung an die Pfahlbauten des indonesischen Volkes der Batak, steht das aus einem Raum bestehende Batakhaus neben der Kirche Werpeloh. @ vhd685

7 Sögel

Vorwahl: 05952

Tourist-Information Sögel, Am Markt 2, ✆ 206400, @ ypg412

Emslandmuseum Schloss Clemenswerth, Clemenswerth, ✆ 932325 Das Schloss Clemenswerth (1737-1747) besticht durch seine weltweit einzigartige Alleesternanlage. Acht Lindenalleen führen zu dem Jagdschloss im Zentrum der Anlage, welche von wiederum 8 Pavillons umringt wird. Die Schlosskapelle beherbergt ein auch heute noch aktives Kapuzinerkloster. @ ujx331

Waldfreibad, Rothenbacher Weg 8, ✆ 3929, @ sia781

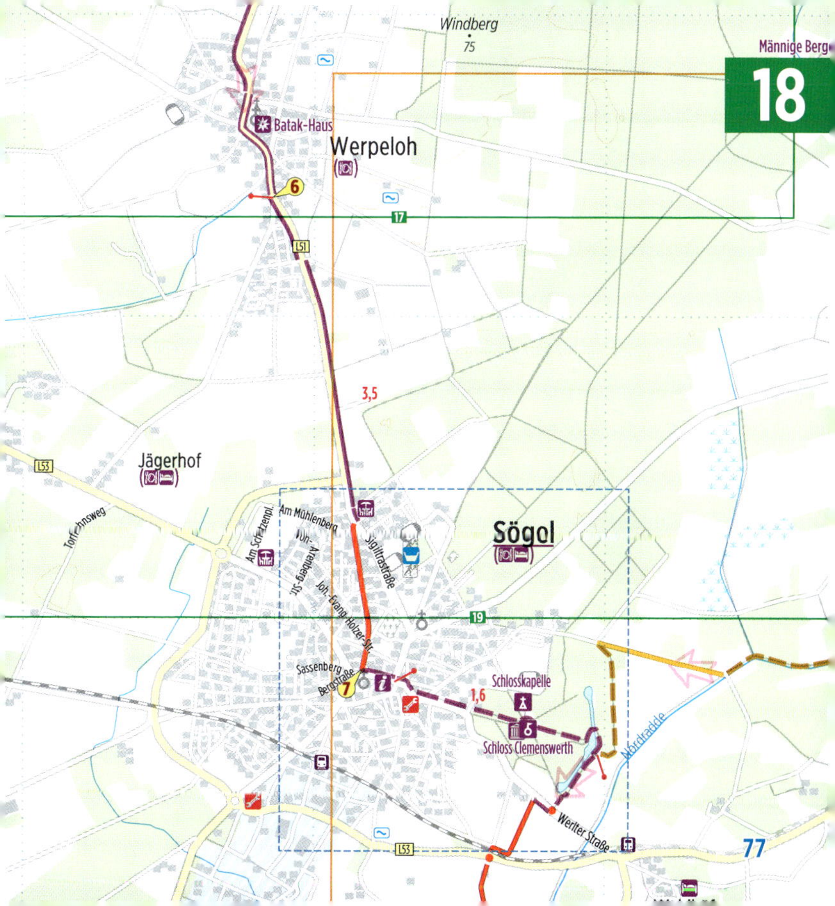

Windberg
75
Männige Berg
18
Batak-Haus
Werpeloh
6
17
L51
3,5
Jägerhof
L53
Torfrahnsweg
Am Schützenpl.
Am Mühlenberg
Joh.-Arenberg-Str.
Sigiltrastraße
Sögel
Joh.-Evang.-Holzer-Str.
19
Sassenberg
Bergstraße
7
1,6
Schlosskapelle
Schloss Clemenswerth
Nordradde
Werlter Straße
L53
77

Jagdschloss Clemenswerth, Sögel

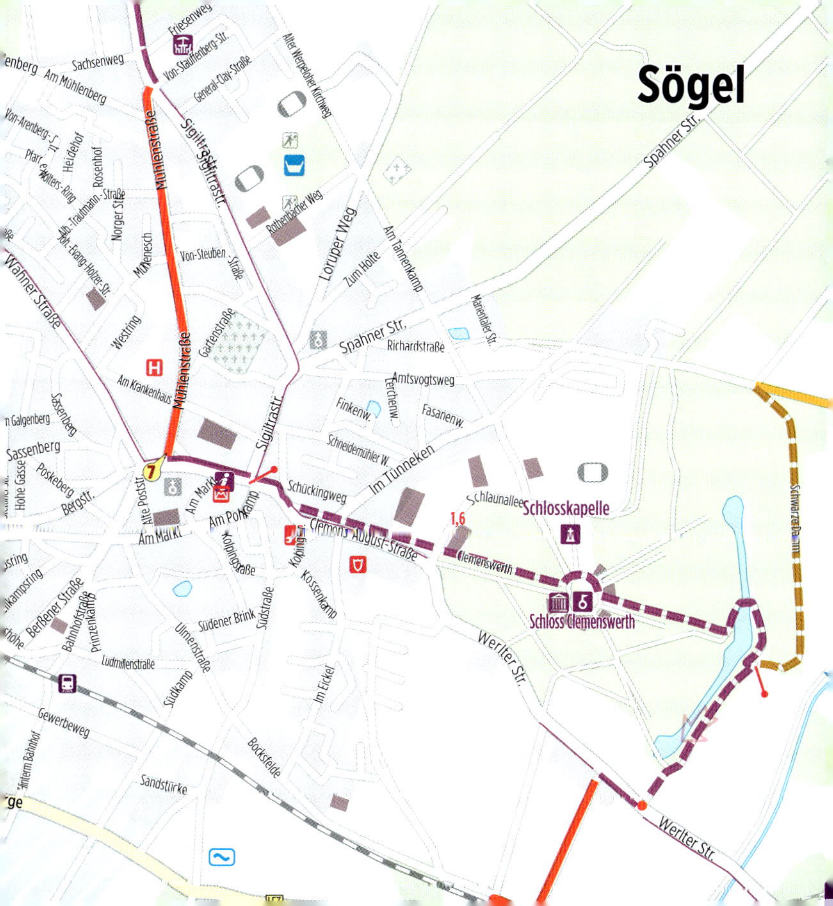
Sögel
Friesenweg
Von-Stauffenberg-Str.
General-Clay-Straße
Alter Werpeloher Kirchweg
Sachsenweg
Am Mühlenberg
Mühlenstraße
Sigiltrastr.
Von-Arenberg-Str.
Heidehof
Rosenhof
Pfarr
Wolters-Ring
Alb.-Trautmann-Straße
Norger Str.
Joh.-Evang.-Holzer-Str.
Mühlenesch
Von-Steuben-Straße
Rothenbacher Weg
Loruper Weg
Zum Holte
Am Tannenkamp
Spahner Str.
Wahner Straße
Westring
Gartenstraße
Richardstraße
Marientaler Str.
Am Krankenhaus
Amtsvogtsweg
Lerchenw.
Finkenw.
Fasanenw.
Galgenberg
Sassenberg
Schneidemühler W.
Im Tünneken
Hohe Gasse
Poskeberg
Bergstr.
Alte Poststr.
Am Markt
Am Pohlkamp
Schückingweg
Schlaunallee
Schlosskapelle
1,6
Clemens-August-Straße
Clemenswerth
Schwarzer Damm
Kolpingstraße
Kossenkamp
Schloss Clemenswerth
Werlter Str.
Beßener Straße
Bahnhofstraße
Prinzenkamp
Südener Brink
Südstraße
Ulmenstraße
Ludmillenstraße
Südkamp
Im Eickel
Gewerbeweg
Hinterm Bahnhof
Bocksfelde
Sandstücke

In Sögel durchfahren Sie das Schlossgelände von Schloss Clemenswerth und radeln dann auf Nebenstraßen und straßenbegleitenden Radwegen weiter nach Süden, bis Sie in Haselünne schließlich am Ende dieses Abschnitts ankommen.

Groß Berßen

Hünengräberstraße des Hümmling, Hüvener Str. (24) Gleich eine ganze Schar an Großsteingräbern befindet sich im Norden von Groß Berßen. Besonders sehenswert sind die Gräber Ipeken Tannenwald, das Wappengrab sowie das Königsgrab.

8 Hüven

Hüvener Mühle, Hüvener Mühle 12, ✆ 05964/959700 Eine Kombination aus Wind- und Wassermühle findet man an der Mittelrade. Da das Flüsschen zeitweise zu wenig Wasser führte, wurde im Jahre 1851 kurzerhand ein Windrad installiert. Die Mühle kann, genauso wie der angrenzende Natur-Lehrpfad, besichtigt werden. Führungen n. t. V. @ utq617

9 Lähden

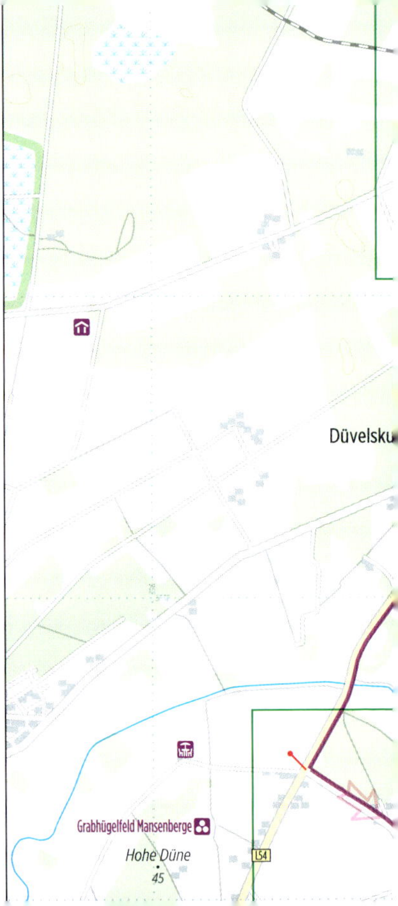

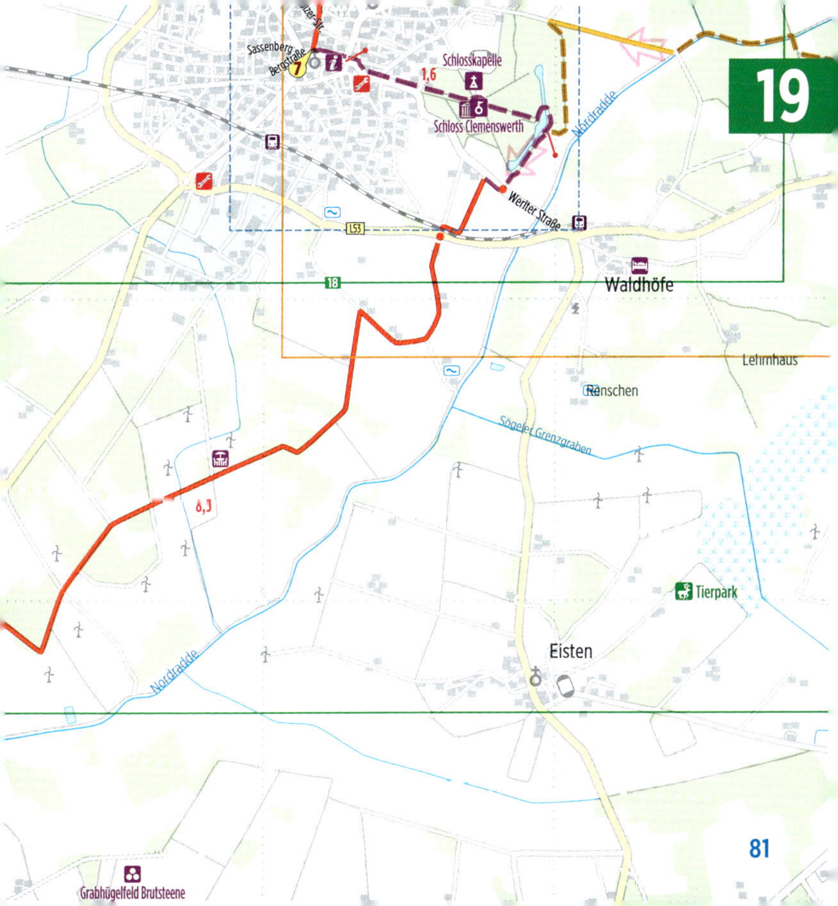

19
Sassenberg
Bergstraße
Schlosskapelle
1,6
Schloss Clemenswerth
Nordradde
Werlter Straße
L53
18
Waldhöfe
Lehmhaus
Renschen
Sögeler Grenzgraben
6,3
Tierpark
Eisten
Nordradde
Grabhügelfeld Brutsteene

Hüvener Mühle

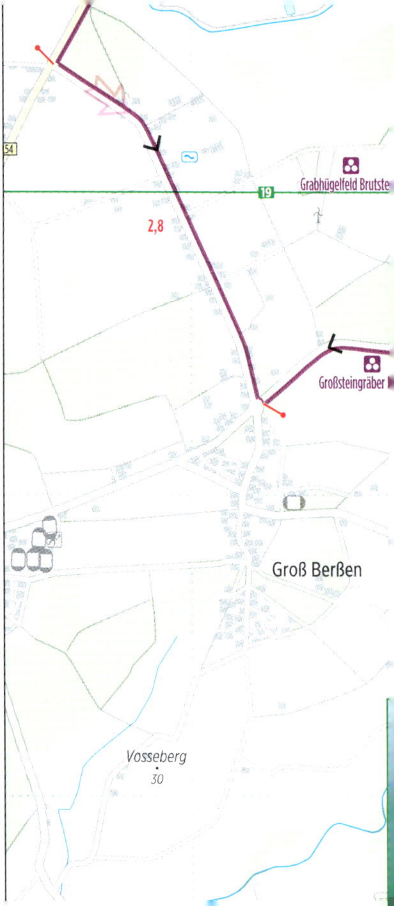

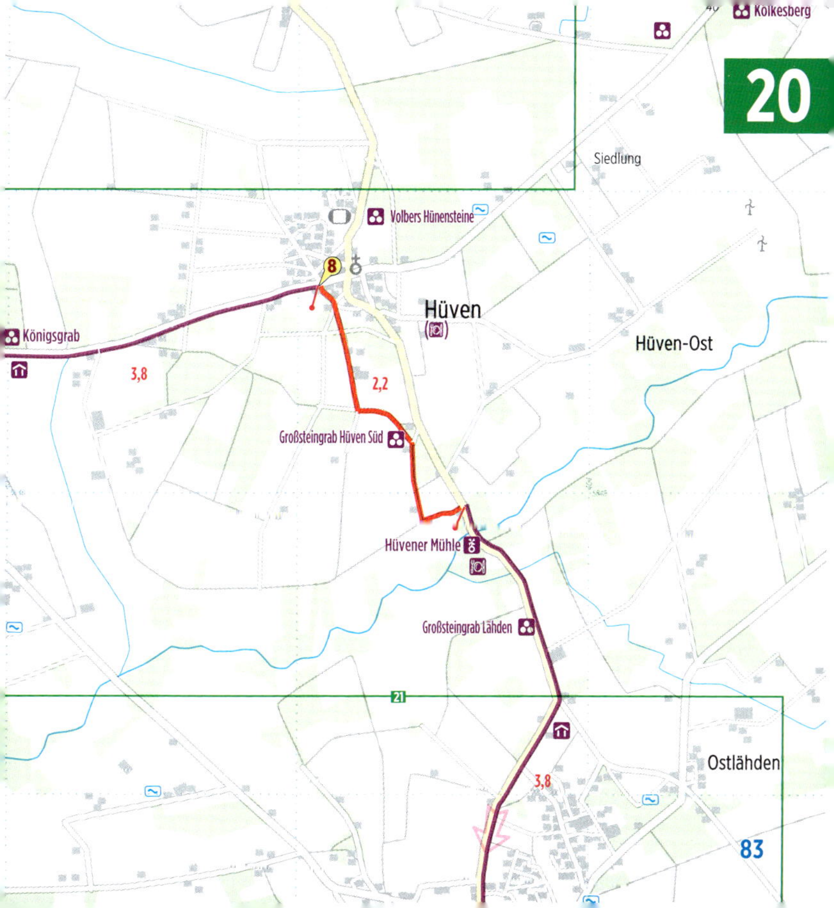

Kolkesberg
20
Siedlung
Volbers Hünensteine
8
Hüven
Königsgrab
3,8
2,2
Hüven-Ost
Großsteingrab Hüven Süd
Hüvener Mühle
Großsteingrab Lähden
21
3,8
Ostlähden
83

10 Haselünne

Vorwahl: 05961

- **Tourist-Information**, Rathauspl. 1, ✆ 509320, @ vbb681
- **Der Berentzen-Hof mit Brennereimuseum**, Ritterstr. 7, ✆ 502556, ⌚ April-Okt., Di-Sa, 14.30 Uhr, Berentzen-Hof-Laden: Di-Fr 11-12:30 Uhr und 14-17 Uhr. Erlebnisführungen inkl. Produktverkostung für Kleingruppen n. t. V. @ yff111
- **Freilicht- und Heimatmuseum**, Lingener Str. 30, ✆ 918650 ⌚ © Das Museum

Haselünne Innenstadt

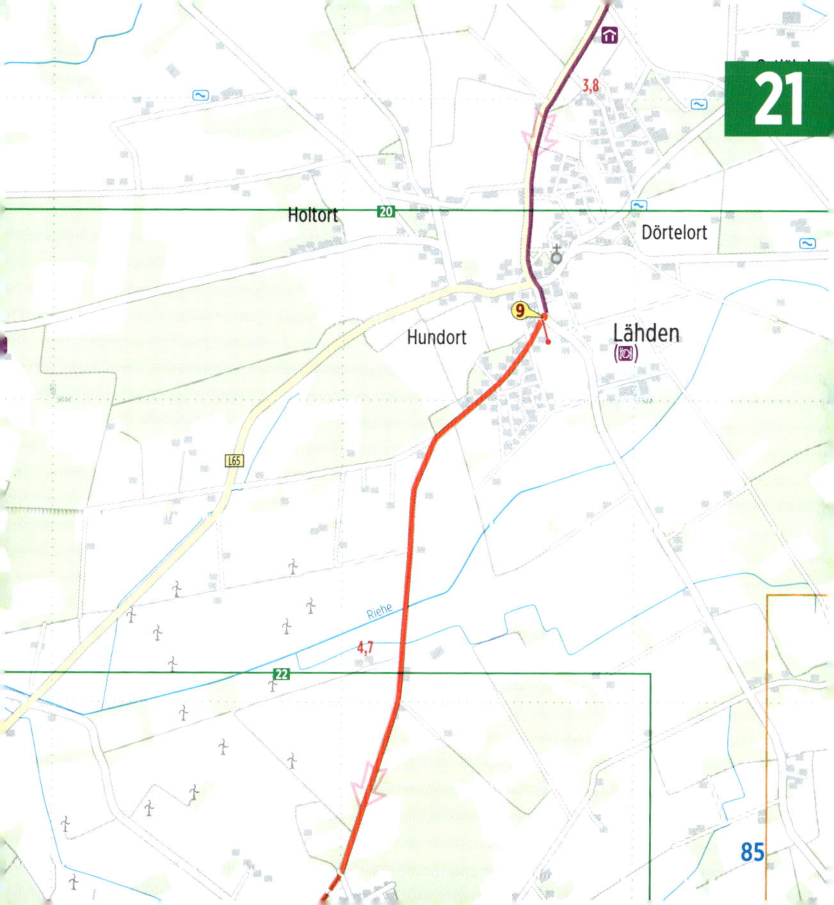
21
3,8
Holtort
20
Dörtelort
Hundort
Lähden
L65
Riehe
4,7
22

besteht aus acht Fachwerkhäusern, darunter eine Schmiede, eine Schusterwerkstatt, eine Marienklause, in denen zahlreiche Gegenstände aus vergangenen Zeiten zu sehen sind. @ wll452

- **St. Vincentius,** ✆ 262. Die Kirche aus dem 15. Jh. ist eine gotische Hallenkirche.
- **Kornbrennerei Rosche,** Neustadtstr. 35-38, ✆ 94550. Es ist die älteste Kornbrennerei Haselünnes. In der noch heute funktionsfähigen Kornmühle kann eine Zeitreise durch die verschiedenen Verarbeitungsformen unternommen werden. @ xyw215
- **Private Kornbrennerei H. Heydt,** Neustadtstr. 11, ✆ 94450. Die Kornbrennerei wurde im Jahre 1860 gegründet. Sie wird heute in der fünften Generation von der Familie Heydt geführt. Von Montag bis Samstag zwischen 10 und 18 Uhr sind Besichtigungen möglich. @ vxa417
- **Wacholder-Abitur,** ✆ 509320. Das eher vergnügliche Wacholder-Abitur wird im „Wacholdergymnasium" in Vogel- und Pflanzenkunde abgelegt.

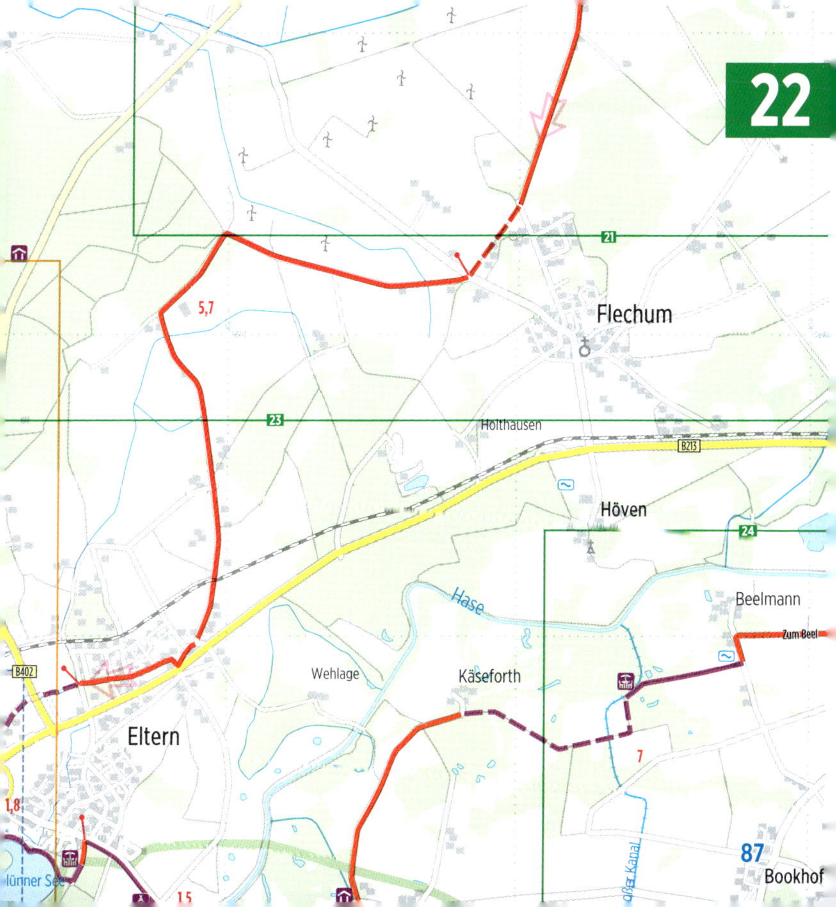
22
Flechum
Holthausen
B213
Höven
Hase
Beelmann
Zum Beel
Wehlage
Käseforth
Eltern
B402
Blünner See
Bookhof
87
21
23
24
5,7
7
1,8
1,5

St. Vincentius, Haselünne

Wacholderhain. Mit einer Größe von 38 ha einzigartig in Nordwest-Deutschland.

Freibad, Lingener Str. 29, ✆ 4045, @ hdv812

Hallenbad, Hammerstr. 32, ✆ 5551, @ jks215

Haselünne gilt als die älteste Stadt im Herzen des Emslandes. Der Name leitet sich ab von „Lunni", das waren Hölzer, die in die Hase gelegt wurden, um den Fluss leichter überqueren zu können, und „Hassa", was dunkles Wasser bedeutet. Im Jahr 1272 erhielt Haselünne das Stadtrecht, später kamen dann eine Stadtverfassung, Markt- und Münzrechte dazu. Nachdem die Stadt lange Zeit unter Herzöglicher Herrschaft stand, gehörte es danach zum Königreich Hannover und in Folge zum Königreich Preußen. Heute gehört Haselünne mit den sehenswerten Fachwerkhäusern und dem Erholungsgebiet „Wacholderhain" zum Land Niedersachsen.

Haselünne
Haydnstr.
Lortzingstr.
Wagnerstr.
Beethovenstr.
Hansering
Gartenstr.
Elterner Str.
Auf dem Haspel
Ladestr.
Herzog-Arenberg-Str.
Meerstr.
Lähdener Str.
Osterstr.
Kreuzweg
Sandstr.
Nordstr.
Kolpingstr.
Meppener Str.
Berenzen-Hof mit Brennereimuseum
Private Kornbrennerei H. Heydt
Kornbrennerei Rosche
Hagen
Bahnhofstr.
Ritterstr.
Großer
Nonnenwall
Löninger Str.
Dammstr.
Neustadtstr.
Andruper Str.
Holzbaumweg
Steintorstr.
Konrad-Adenauer-Str.
Kleiner Hagen
10
Plessestr.
Hubertusweg
Vinzenzstr.
Kirchstr.
Hasestr.
Paulusweg
Von-Spies-Str.
Piusweg
St. Vincentius
1,8
1
Am See
Distelring
0,8
Wacholderweg
Hammer Str.
An der Scheperweide
Schilfweg
Freilichtmuseum
Schlehenweg
Von-Stauffenberg-Str.
Geschwister-Scholl-Str.
Hasetalweg
Neuer Grund
Weißdornring

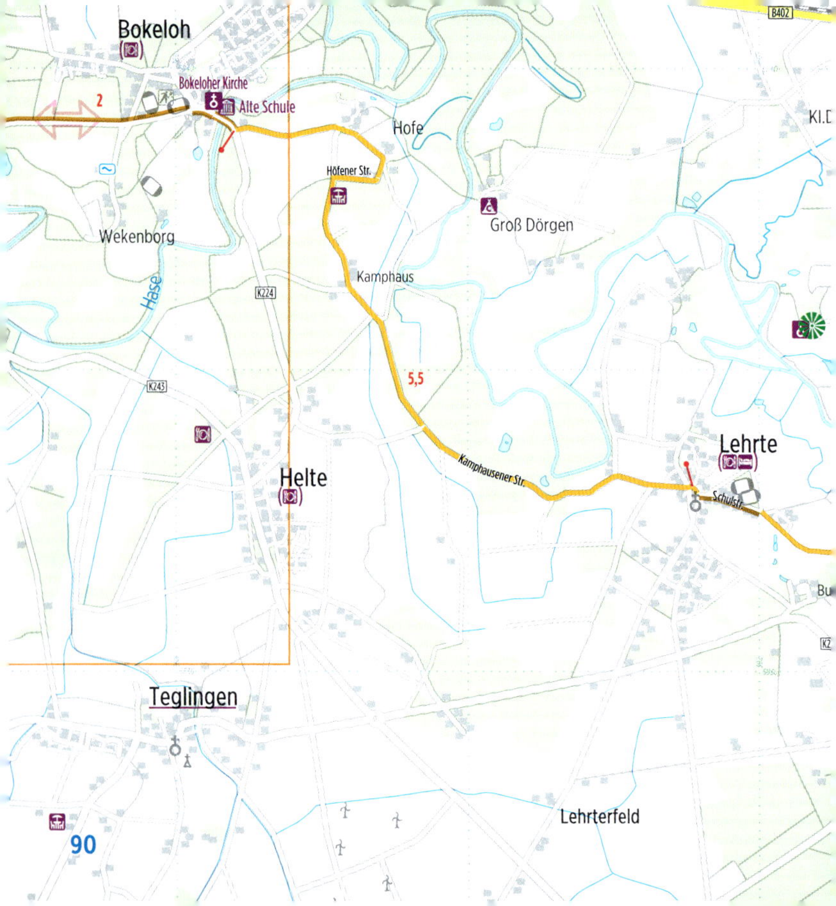

Bokeloh
Bokeloher Kirche
Alte Schule
2
Hofe
Höfener Str.
Wekenborg
Hase
K224
Groß Dörgen
Kamphaus
K243
5,5
Helte
Kamphausener Str.
Lehrte
Schulstr.
Teglingen
Lehrterfeld
B402
Kl.D
Bu
K2

90

Anschluss Meppen 1
Stadtmark
Gut Sautmannshausen
Haselünne
Lahre
B402
1,5
Berenzen-Hof mit Brennereimuseum
10
Huden
St. Vincentius
1
1,8
0,8
Freilichtmuseum
Haselünner
22
4,5
Bückelte
Holtesch
Hase
Hamm
3,8
Hase
Wacholderh
Lienkolk
B213
91
Fürstenauer
Schützen

ANSCHLUSS Sollten Sie die Emsland-Route abkürzen und nur den nördlichen oder südlichen Teil fahren wollen, so bietet sich in Haselünne eine Anschlussmöglichkeit nach Meppen. Biegen Sie dazu in Haselünne vor dem Rathaus **10** nach rechts ab und nutzen die Hasebrücke um die Hase zu überqueren. Gleich nach der Brücke folgen Sie dem Radweg in Richtung Westen.

Die Hase

Die Hase ist mit einer Länge von etwa 170 Kilometern der größte rechtsseitige Nebenfluss der Ems. Der Fluss entspringt in einem Quellgebiet im Teutoburger Wald und mündet in Meppen in die Ems. Mit einem sehr geringen Gefälle fließt die Hase in vielen Windungen und Schleifen gemächlich dahin.

Überschwemmungen der Hase trugen dazu bei, dass nördlich von Osnabrück fruchtbares Land reiche Ernten ermöglichte. Sie haben aber auch die Altstädte von Bramsche, Bersenbrück und Quakenbrück unter Wasser gesetzt. Deshalb wurde 1971 als Hochwasserschutz bei Rieste der 220 Hektar große Alfsee angelegt. Dieses Hochwasserrückhaltebecken dient der Wasserregulierung und wird gleichzeitig als großes Freizeit- und Erholungsgelände genutzt.

Bückelte (Haselünne)

Bückelter Kapelle. Die im 16. Jh. erbaute Kapelle gehört heute zu den bekanntesten und meist besuchten Baudenkmälern des Emslandes.

Lehrte (Haselünne)

Bokeloh (Meppen)

Vorwahl: 05931

Alte Schule, Am Kirchberg, ✆ 153153. In einer Dauerausstellung wird zum einen an den Aufenthalt des Malers Otto Pankok im Emsland erinnert und zum anderen an den früheren Lehr- und Lernort.

Bokeloher Kirche. Die katholische Kirche kann auf eine über tausendjährige Geschichte zurückblicken.

Meppen s. S. 20

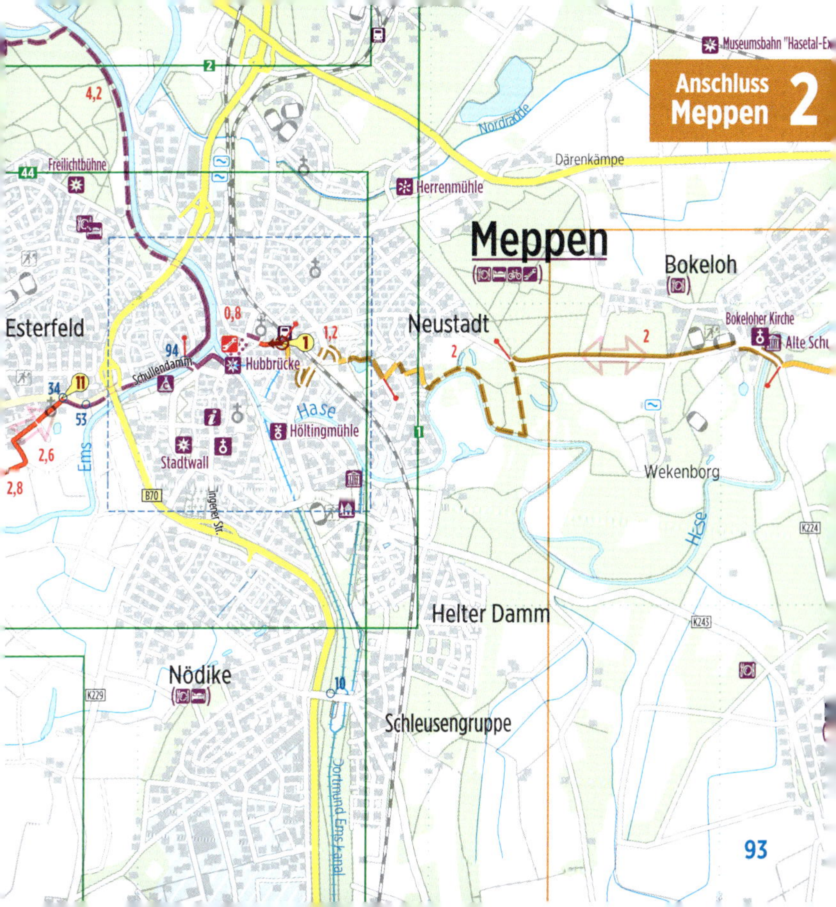

Anschluss Meppen 2
Museumsbahn "Hasetal-Ex
Meppen
Bokeloh
Neustadt
Esterfeld
Freilichtbühne
Herrenmühle
Därenkämpe
Nordradde
Hubbrücke
Schullendamm
Hase
Höltingmühle
Stadtwall
Ems
Bokeloher Kirche
Alte Schu
Wekenborg
Helter Damm
Nödike
Schleusengruppe
Dortmund-Ems-Kanal
Ingener Str.
B70
K224
K243
K229
4,2
0,8
1,2
2,6
2,8

Von Haselünne nach Rheine 76 km

HM/km: ⇗ 1,0 (79m) ⇘ 0,8 (61m) Radweg: 46 % Unbefestigt: 16 % Verkehr: 2 %

Ausgehend von Haselünne starten Sie nach Herzlake, wo Sie je nach Lust und Laune einen Ausflug nach Löningen in die größte kinotechnische Sammlung Deutschlands unternehmen können. In Herzlake wendet sich Ihre Route dann nach Süden. Statten Sie der Ramings Mühle bei Lengerich einen Besuch ab und bestaunen Sie die St. Vitus Kirche in Venhaus, eine ehemalige Wasserburg, welche später religiösen Zwecken geweiht wurde. Weiter geht es entlang des Dortmund-Ems-Kanals, bis Sie in Rheine am Zielort dieses Abschnitts ankommen. In dem historischen Städtchen erwartet Sie die umfangreiche archäologische Sammlung am Falkenhof sowie die eindrucksvolle Basilika St. Antonius.

Ihre Route verläuft beinahe steigungsfrei über Radwege und ruhige Nebenstraßen. Ein geringfügiger Teil der Strecke verläuft auf unbefestigten Wegen und nur ganz selten sind Sie direkt im Verkehr unterwegs.

Klein Berßen
Wesuwe
Apeldorn
Lähden
Löningen
Schöninghsdorf
Versen
Meppen
Gr. Fullen
Flechum
Haselünne
Herzlake
23
24
Lehrte
Menslage
Rühle
Teglingen
Twist
Schwefingen
Dohren
25
Groß Hesepe
Berge
Grafeld
Osterbrock
Bawinkel
Dalum
26
Wettrup
Bippen
Georgsdorf
Holthausen
Gersten
Handrup
Eggermühlen
Lengerich
27
Ankum
Lingen
Langen
Wietmarschen
Baccum
28
Thuine
Schwagstorf
Schepsdorf
Andervenne
Fürstenau
Lohne
Freren
Merzen
Estringen
29
Messingen
Klausheide
Nordhorn
Gleesen
Schale
Voltlage
30
Beesten
Lünne
Halverde
Neuenkirchen
Schapen
Engden
Emsbüren
31
Hopsten
Spelle
Recke
32
Espel
Dreierwalde
Salzbergen
Schüttorf
Dickenberg
Mettingen
Gildehaus
33
Bad Bentheim
Hörstel
Rheine
Ibbenbüren
Ohne
Bevergern
Laggenbeck
Elte
Neuenkirchen

Stadtmark
Gut Sautmannshausen
Haselünne
B402
1,5
Eltern
Berenzen-Hof mit Brennereimuseum
10
St. Vincentius
1
1,8
0,8
Freilichtmuseum
Haselünner See
22
1,5
3,8
Hase
Wacholderhain
Lienkolk
B213
NSG
Steinbohlenstr.
Fürstenauer Str.
Schützenstr.
Wester
Schumannshöhe
20
Andruper Feld
B402
Lotter Beeke

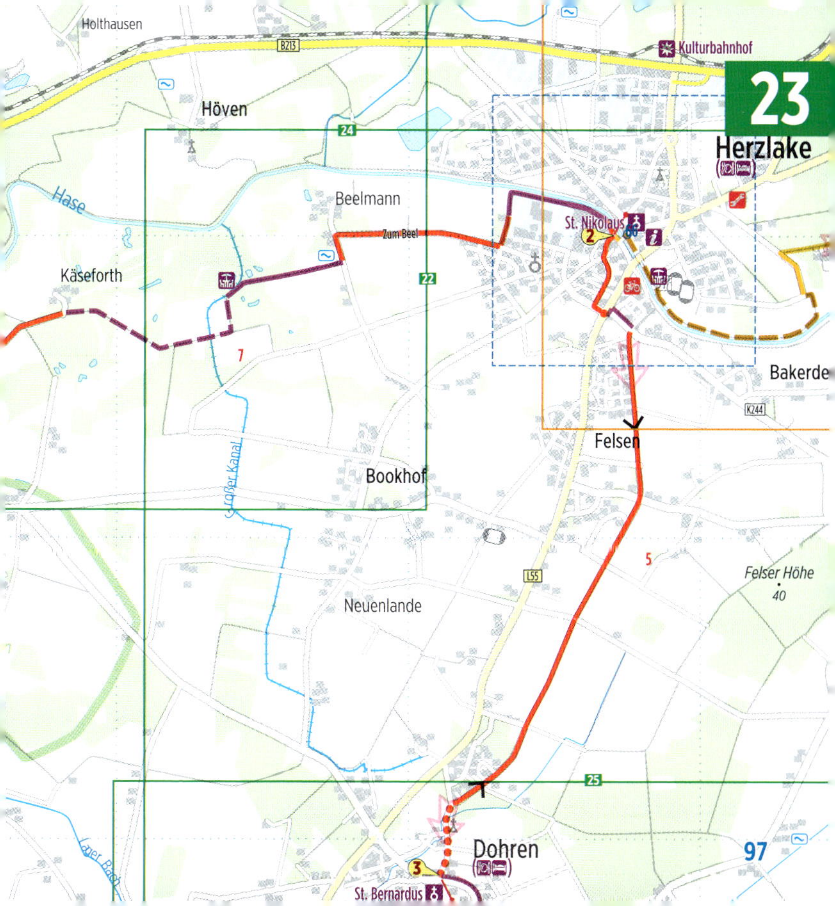

Holthausen
B213
Kulturbahnhof
23
Höven
24
Herzlake
Hase
Beelmann
Zum Beel
St. Nikolaus
2
Käseforth
22
7
Bakerde
K244
Felsen
Bookhof
Großer Kanal
5
Felser Höhe
40
L55
Neuenlande
25
Dohren
3
St. Bernardus
Lager Bach
97

1 Haselünne

Vorbei am Haselünner See starten Sie diesen Abschnitt auf Radwegen und ruhigen Nebenstraßen nach Osten bis nach Herzlake.

2 Herzlake

Vorwahl: 05962

- Gemeinde Herzlake, Neuer Markt 4, ✆ 880, @ pwx834
- **St. Nikolaus.** Die Kirche wurde vor mehr als 700 Jahren errichtet. Besonders sehenswert ist der Taufstein aus dem 12. Jh.

Südlich von Herzlake befindet sich das über 600 Hektar große Naturschutzgebiet Hahnenmoor. Nach erfolgreicher Wiedervernässung finden im ehemaligen Torfabbaugebiet selten gewordene Kreuzottern, Libellen und Moorfrösche einen idealen Lebensraum. Besonders eindrucksvoll ist das Moor im späten Frühjahr, wenn das fruchtende Wollgras den Boden bedeckt. Aber auch Pflanzen wie der Sonnentau, Schnabelried und Blumenbinse sind hier zu finden. In der Moorschule kann nach

Hasebrücke mit Blick auf St. Nikolaus, Herzlake

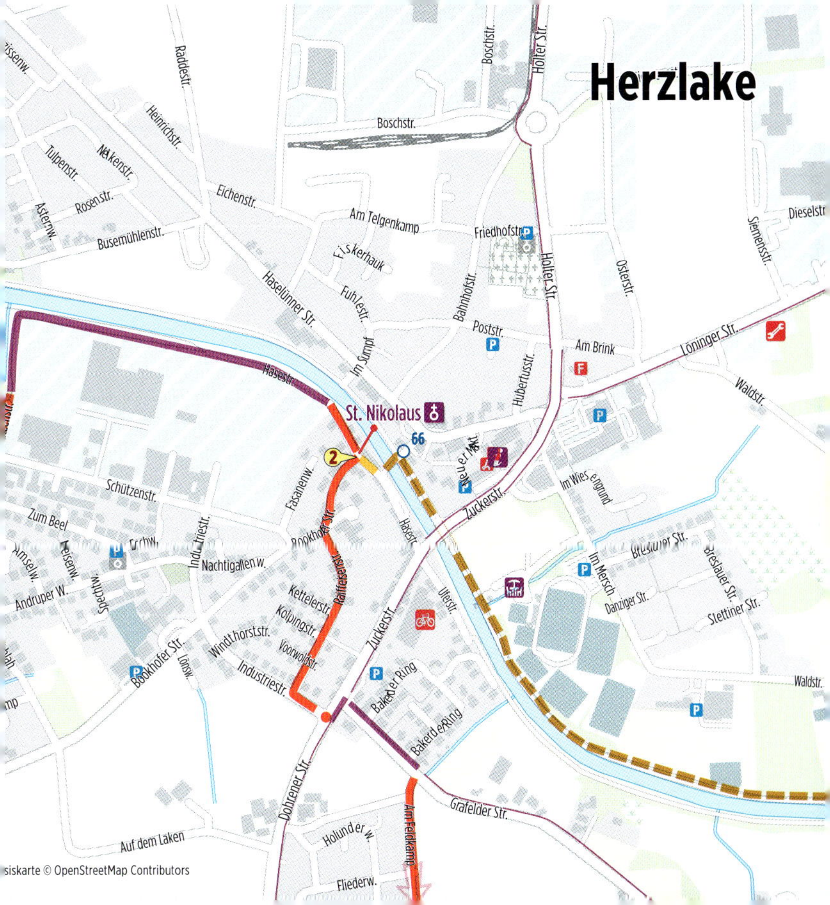
Herzlake
Raddestr.
Boschstr.
Holter Str.
Heinrichstr.
Tulpenstr.
Nelkenstr.
Rosenstr.
Asterw.
Busemühlenstr.
Eichenstr.
Am Telgenkamp
Fiskerhauk
Friedhofstr.
Dieselstr.
Siemensstr.
Haselünner Str.
Fuhlestr.
Bahnhofstr.
Osterstr.
Poststr.
Am Brink
Löninger Str.
Im Sumpf
Hubertusstr.
Hasestr.
Waldstr.
St. Nikolaus
66
2
Neuer Markt
Zuckerstr.
Im Wiesengrund
Schützenstr.
Fasanenw.
Zum Beel
Industriestr.
Bookhofer Str.
Haseufer
Breslauer Str.
Amselw.
Meisenw.
Nachtigallen w.
Raiffeisenstr.
Andruper W.
Spechtw.
Kettelerstr.
Kolpingstr.
Uferstr.
Im Mersch
Danziger Str.
Stettiner Str.
Windthorststr.
Voorwoldstr.
Bookhofer Str.
Lönsw.
Industriestr.
Bakeder Ring
Dohrener Str.
Am Feldkamp
Grafelder Str.
Auf dem Laken
Holunder w.
Fliederw.
Basiskarte © OpenStreetMap Contributors

einer Führung das Moordiplom erworben werden.

AUSFLUG In Herzlake angekommen, können Sie einen Abstecher nach Löningen einlegen. Überqueren Sie dazu die Hase an der Hasestraße **2** und folgen Sie dem Uferradweg weiter nach Osten.

Aselage (Herzlake)

- **Aseburg.** Heute ist von der etwa 1.000 Jahre alten Fluchtburg nur noch die Wallanlage zu sehen.
- **Aselager Mühle.** Die Erdholländer-Kappenwindmühle wurde im Jahre 1860 errichtet.

Evenkamp (Löningen)

- **St.-Johannes-Kirche,** Evenkamper Str. Backsteinkirche aus dem Jahr 1937.
- **Großsteingrab.** Das jungsteinzeitliche Großsteingrab stammt etwa aus der Zeit zwischen 3500 und 2800 v. Chr. Es sind Reste der ehemals 2x15 m großen Grabkammer erhalten.

Werwe (Löningen)

Löningen

Vorwahl: 05432

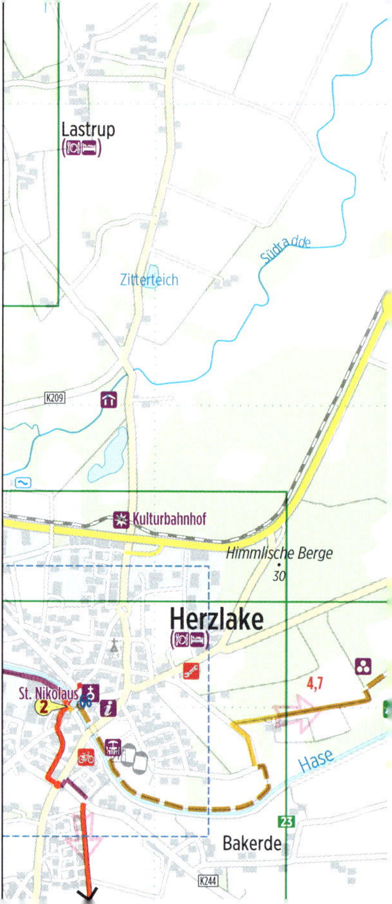

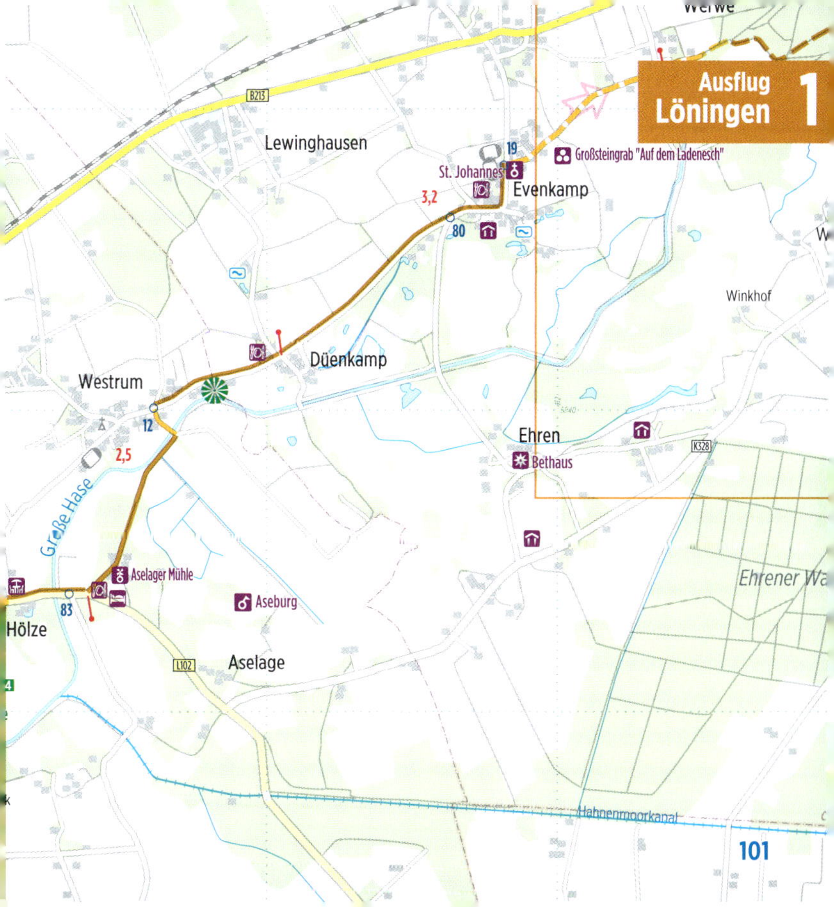

Ausflug
Löningen 1
Lewinghausen
St. Johannes
Evenkamp
Großsteingrab "Auf dem Ladenesch"
Winkhof
Düenkamp
Westrum
Ehren
Bethaus
Große Hase
Aselager Mühle
Aseburg
Hölze
Aselage
Ehrener Wa
Hahnenmoorkanal
B213
L102
K328
3,2
2,5
19
80
12
83

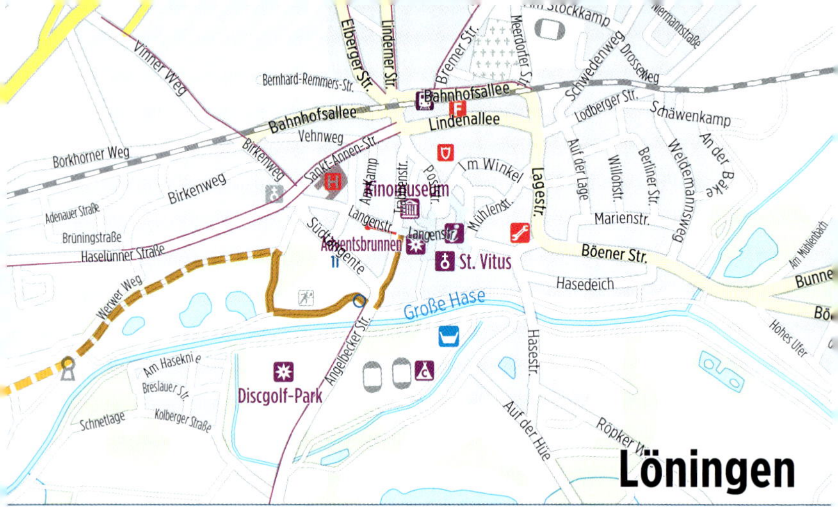

Stadtmarketing, Langenstr. 38, ✆ 80370, @ emq264

Kinomuseum, Langenstr. 21, ✆ 5958238 Die größte kinotechnische Sammlung in Deutschland bietet in ihrer kulturhistorischen Ausstellung die ganze Welt der Kinotechnik und des Kinoambientes – im Mittelpunkt steht das Gesamterlebnis Kino. @ gdt277

St. Vitus. Die Kirche (1813) ist die größte pfeilerlose Saalkirche Deutschlands. Die Kirchenausstattung stammt zu großen Teilen aus der Kirche des ehem. Franziskanerklosters Vechta.

Adventsbrunnen, Jubiläumsbrunnen ㉔ Die Skulpturen des Brunnens zeigt die Szenerie des „Advents-Blasens“. Drei Schuljungen blasen an den Adventsonntagen in längliche Hörner, während sie von einem jungen Mädchen beobachtet werden.

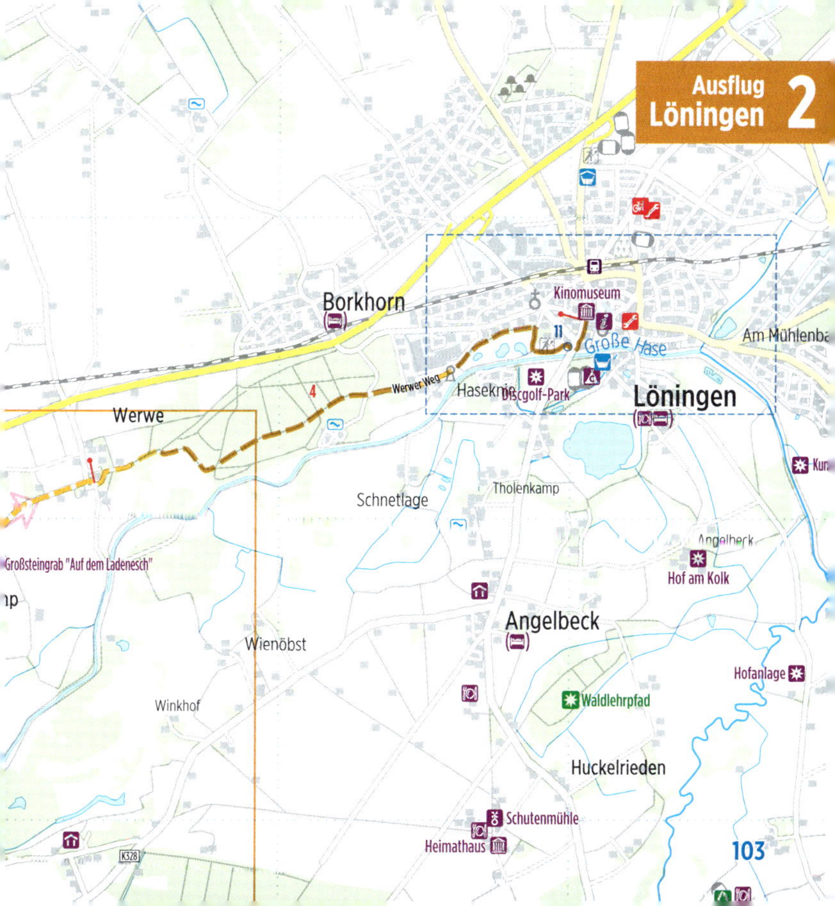
Borkhorn
Kinomuseum
11
Große Hase
Am Mühlenba
Werwer Weg
4
Haseknie
Discgolf-Park
Löningen
Werwe
Kun
Schnetlage
Tholenkamp
Angelbeck
Hof am Kolk
Großsteingrab "Auf dem Ladenesch"
Angelbeck
Wienöbst
Hofanlage
Waldlehrpfad
Winkhof
Huckelrieden
Schutenmühle
Heimathaus
K328

St. Vitus, Löningen

Discgolf-Park, ✆ 599599, ✆ 80370. Bei dieser Sportart spielen Sie mit einer Frisbee-Scheibe Golf.

Wellenfreibad, Angelbecker Str. 5d, ✆ 3430, @ luj771

Hallenbad Löningen, Ringstr. 2, ✆ 4141, @ svf151

In Herzlake wenden Sie sich vom Haseufer nach Süden und radeln auf Radwegen und ruhigen Nebenstraßen durch die emsländischen Dörfer bis nach Freren.

3 Dohren

St. Bernardus, Dorfstr. 29. Die neugotische Backsteinkirche wurde 1900-1902 erbaut. Besonders sehenswert ist der 33 m hohe Turm mit Kupferspitzhelm und die hölzerne Kreuzigungsgruppe mit Maria und Johannes aus dem 16. Jh.

4 Wettrup

Handrup

Kloster Handrup, Hestruper Str. 1, ✆ 05904/93000. Das 1921 erbaute Herz-Jesu Kloster prägt den Ort

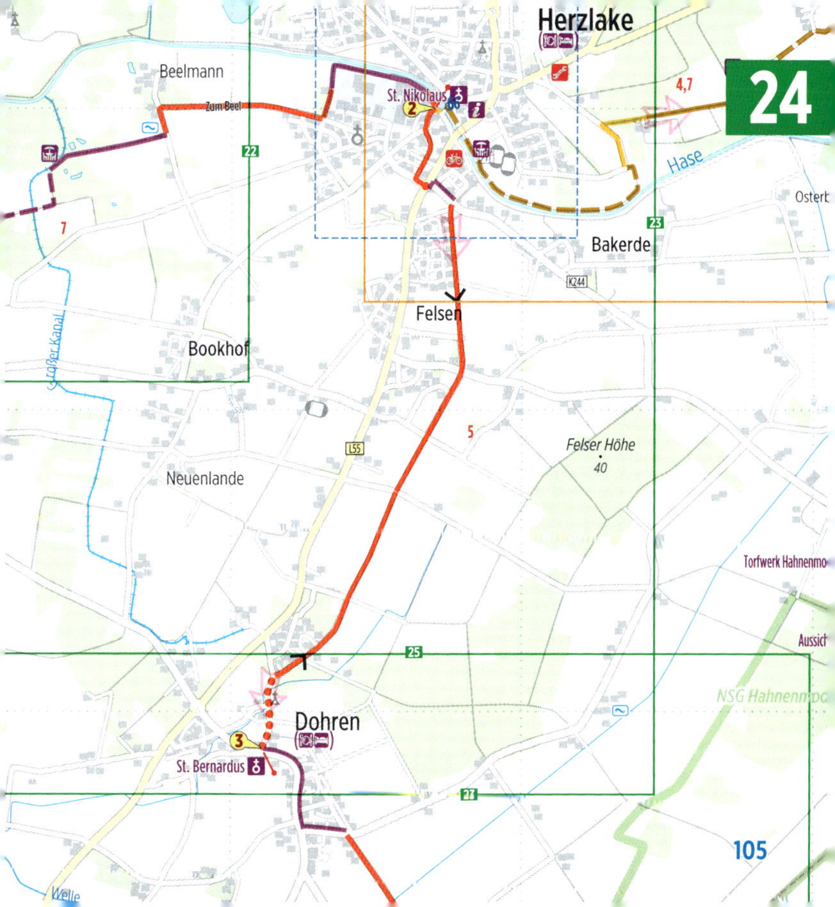
Herzlake
24
Beelmann
Zum Beel
St. Nikolaus
2
66
4,7
Hase
Ostert
Bakerde
K244
7
22
23
Felsen
Bookhof
Großer Kanal
5
Felser Höhe
40
L55
Neuenlande
Torfwerk Hahnenmo
Aussich
25
NSG Hahnenmo
Dohren
3
St. Bernardus
27
Welle

Handrup allein schon durch seine imposante Erscheinung - besonders sehenswert ist die in der Klosterkirche (1927) untergebrachte Opus 1012 Orgel von Johannes Klais. Der Orden gründete bereits 1923 eine Missionsschule. Auch heute noch ist hier ein vom Orden geführtes Gymnasium untergebracht. @ kfq765

AUSFLUG Zwischen und Handrup und Andervenne können Sie einen kurzen Abstecher nach Lengerich einlegen. Halten Sie sich dabei bei der Ramingsmühle geradeaus auf der Hesruper Straße **5**.

Lengerich (Emsland)

Vorwahl: 05904

i Samtgemeinde Lengerich, Mittelstr. 15, ✆ 93280, @ qfv552

Heidelandschaft mit Findlingen

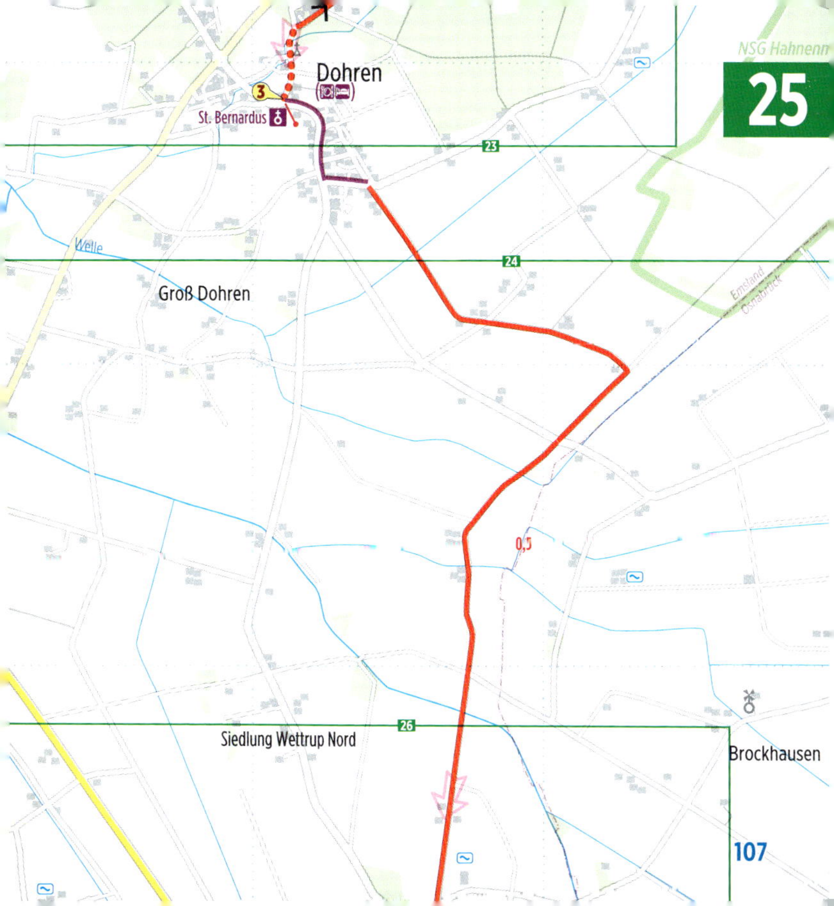
NSG Hahnenn
25
Dohren
3
St. Bernardus
23
Welle
24
Groß Dohren
Emsland
Osnabrück
0,5
26
Siedlung Wettrup Nord
Brockhausen

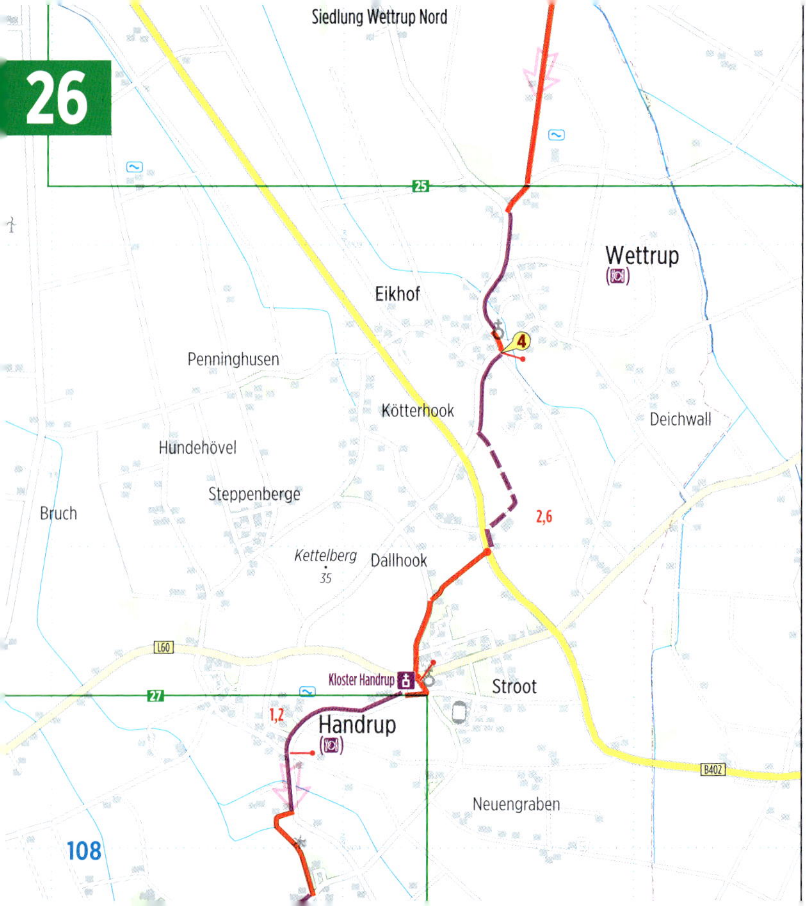
Siedlung Wettrup Nord
26
25
Wettrup
Eikhof
4
Penninghusen
Kötterhook
Deichwall
Hundehövel
Steppenberge
2,6
Bruch
Kettelberg
35
Dallhook
L60
Kloster Handrup
Stroot
27
1,2
Handrup
B402
Neuengraben

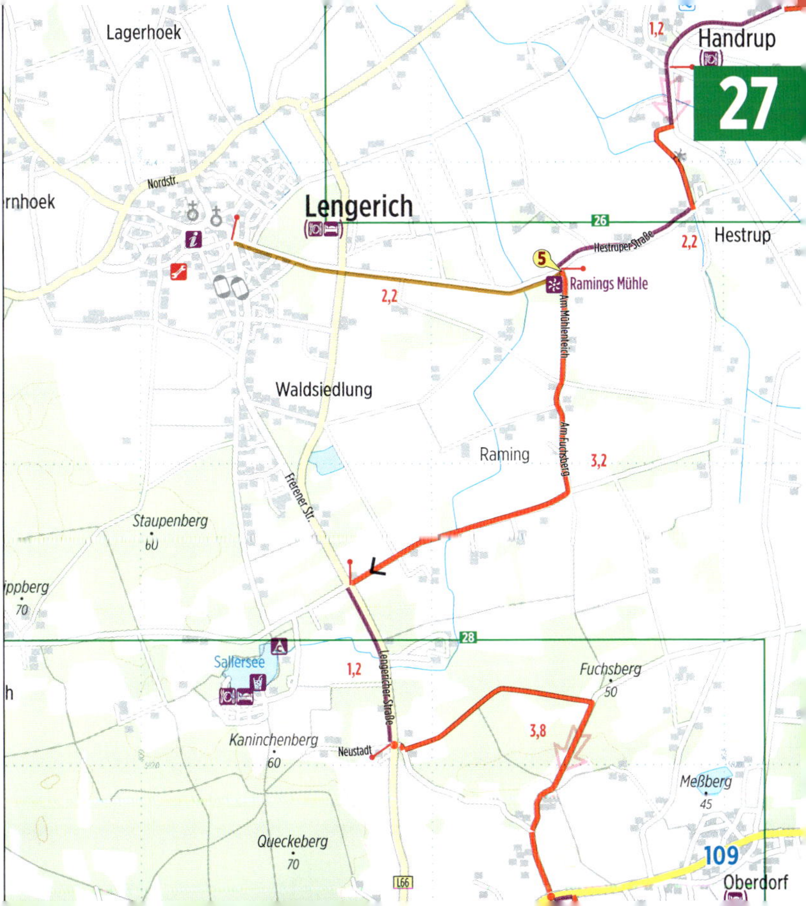

Lagerhoek
Handrup
27
Nordstr.
rnhoek
Lengerich
26
Hestrup
Hestruper Straße
Ramings Mühle
Am Mühlenteich
Waldsiedlung
Raming
Am Fuchsberg
Freren̈er Str.
Staupenberg
60
ippberg
70
28
Sallersee
Lengericher Straße
Fuchsberg
50
Kaninchenberg
60
Neustadt
Meßberg
45
Queckeberg
70
109
Oberdorf
L66
1,2
2,2
2,2
3,2
1,2
3,8
5

Kirchturm St. Andreas, Andervenne

Ramings Mühle, Hestruper Str., ✆ 1249 Ⓖ Die Wassermühle hat ihre Ursprünge im Jahr 1550, der heutige Grundriss aus Fachwerk stammt jedoch aus 1711. Gemeinsam mit einem Backhaus liegt das Gebäude neben einem Mühlenweiher mitten im Wald. Die Mühle wird vom Heimatverein Lengerich betrieben – jeden 1. Sonntag im Monat gibt es einen Backtag. Eine Besichtigung von außen ist jederzeit möglich. @ rts554

Andervenne

St. Andreas, Kirchstr. Die 1884 erbaute Kirche mit dem beeindruckenden Kirchturm wurde als Privatinitiative erbaut, da Andervenne damals noch Teil der Frerener Pfarrgemeinde war. Erst 1921 wurde Andervenne eine unabhängige Pfarrgemeinde mit eigenem Pfarrer.

6 Freren

Vorwahl: 05902

Großsteingrab im Alt-Frerener Forst, Zu den Hünensteinen ㉔ Gut

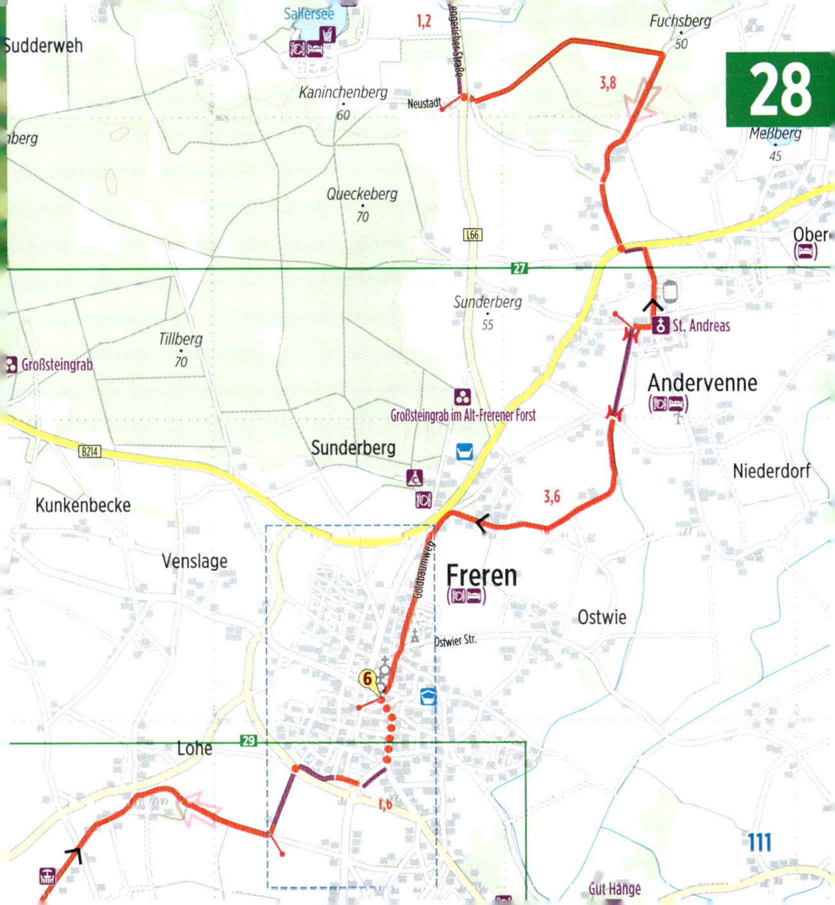

28
Sudderweh
Sallersee
1,2
Fuchsberg
50
Kaninchenberg
60
Neustadt
3,8
Meßberg
45
Queckeberg
70
L66
Ober
27
Sunderberg
55
St. Andreas
Tillberg
70
Großsteingrab
Andervenne
Großsteingrab im Alt-Frerener Forst
B214
Sunderberg
Niederdorf
Kunkenbecke
3,6
Venslage
Goldbaumweg
Freren
Ostwie
Ostwier Str.
6
Lohe
29
1,6
Gut Hange

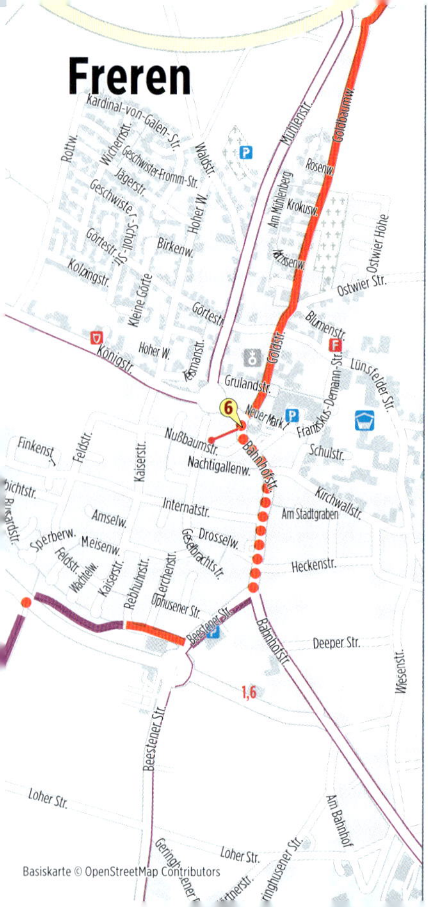

erhaltenes Megalithgrab mit einer 20,5 m langen Kammer.

Waldfreibad, Zu den Hünensteinen 9, ✆ 940353, @ uua664

Hallenbad, Lünsfelder Str. 21, ✆ 940352, @ qca673

Sie verlassen Freren in Richtung Südwesten und radeln auf ruhigen Nebenstraßen und Radwegen bis Sie in Rheine das Ende dieses Abschnittes erreichen. Immer wieder fahren Sie auch auf unbefestigten Wegen, einmal auch auf einem kurzen weniger gut befahrbaren Wegstück kurz vor Beesten.

7 Beesten

8 Spelle

Vorwahl: 05977

Samtgemeinde Spelle, Hauptstr. 43, ✆ 9370, @ esv134

Krone Museum, Bernard-Krone-Str. 20, ✆ 935793 Oldtimer, Maschinen und Geschäftsräume mit Originalmöbeln dokumentieren die über 110-jährige Firmengeschichte. @ amf661

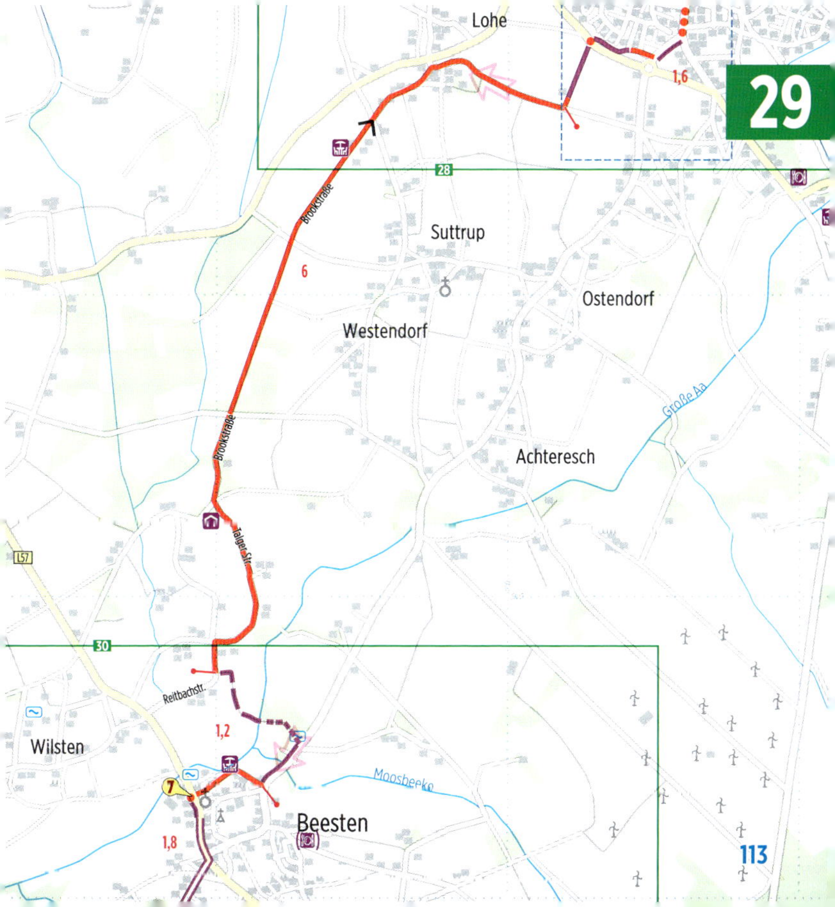

Lohe
1,6
28
Brookstraße
Suttrup
6
Ostendorf
Westendorf
Große Aa
Achteresch
Brookstraße
Talger-Str.
L57
30
Reitbachstr.
1,2
Wilsten
Moosbeeke
7
Beesten
1,8

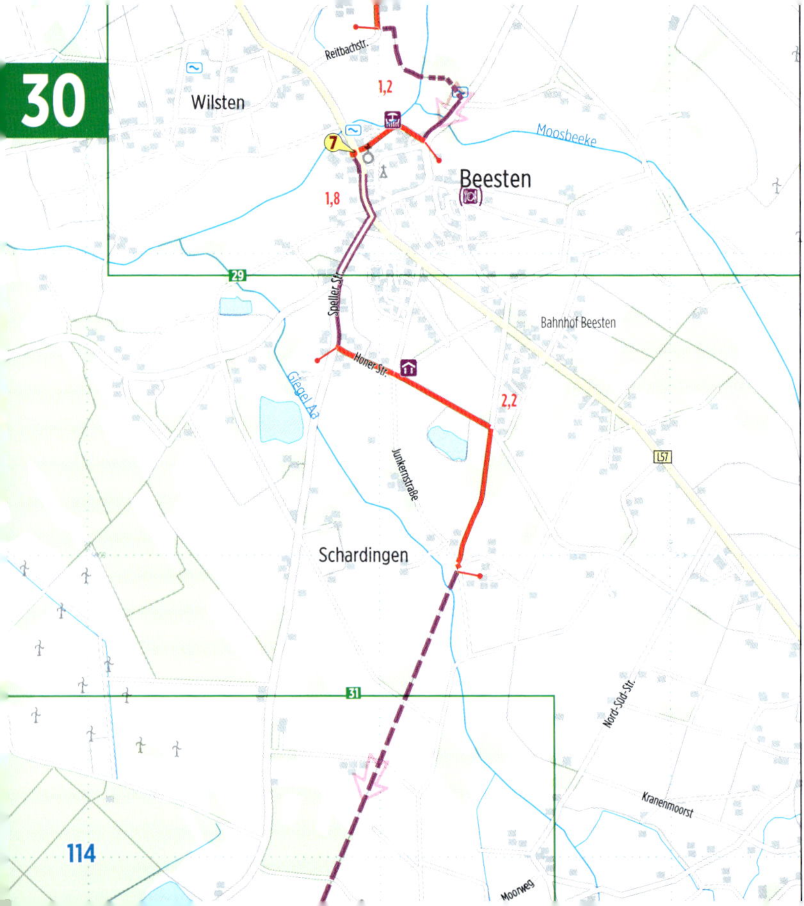

30
Reitbachstr.
1,2
Wilsten
Moosbeeke
7
Beesten
1,8
29
Speller Str.
Bahnhof Beesten
Honer Str.
Giegel Aa
2,2
Junkernstraße
L57
Schardingen
31
Nord-Süd-Str.
Kranenmoorst
Moorweg

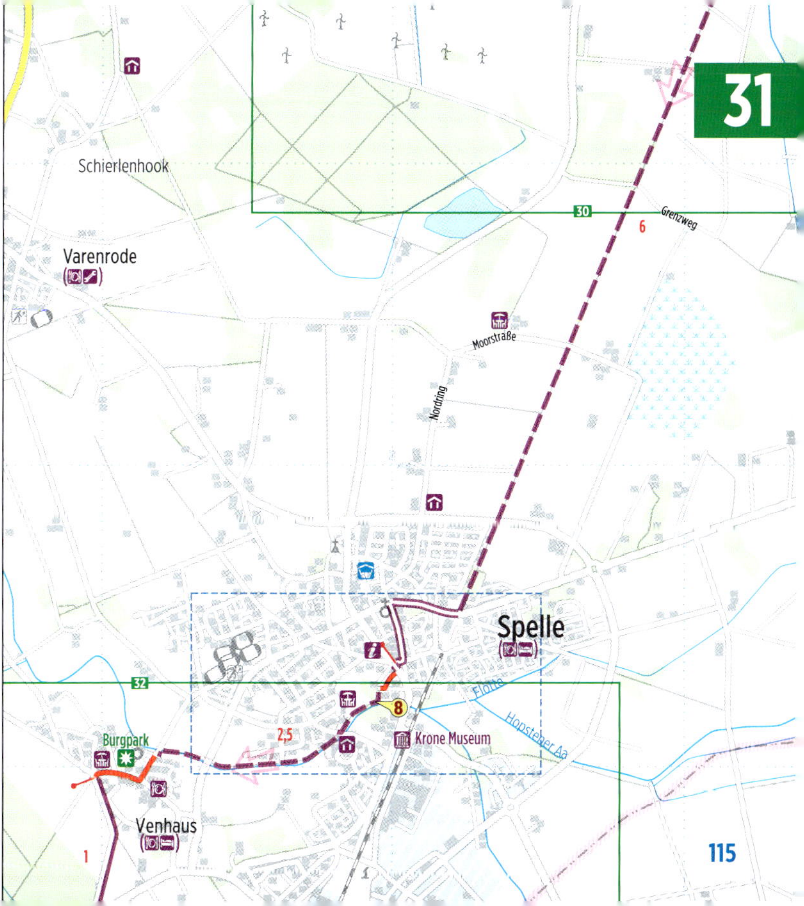
31
Schierlenhook
30
Grenzweg
6
Varenrode
Moorstraße
Nordring
Spelle
32
Flotte
8
Hopstener Aa
Burgpark
2,5
Krone Museum
Venhaus
1

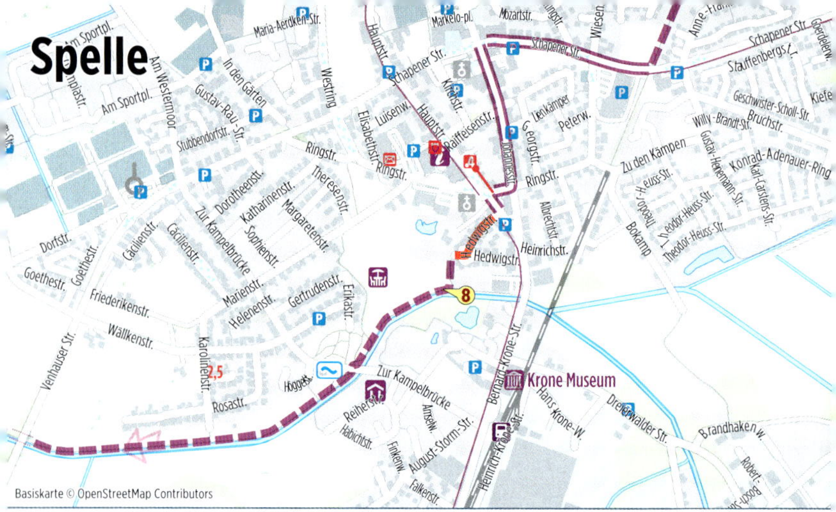

Basiskarte © OpenStreetMap Contributors

Speller Welle, Brink 7, ✆ 937777, @ wfq623

Venhaus (Spelle)

Burgpark um St. Vitus, Propst-Sandtel-Pl. 1 (24) Die ehemalige Burganlage wurde bereits gegen Ende des 17. Jhs. zu einer Kirche umgebaut. In Anlehnung an historische Quellen wurde der Burgpark rund um die Kirche St. Vitus in den 2010er Jahren neu gestaltet. @ gwr751

Die Route verläuft nun zuerst auf straßenbegleitenden Radwegen, dann entlang des Dortmund-Ems-Kanals und schlussendlich auf ruhigen Neben- und Ortsstraßen bis nach Rheine.

Altenrheine (Rheine)

Eschendorf (Rheine)

Vorwahl: 05971

Freibad, Kopernikusstr. 58, ✆ 45330

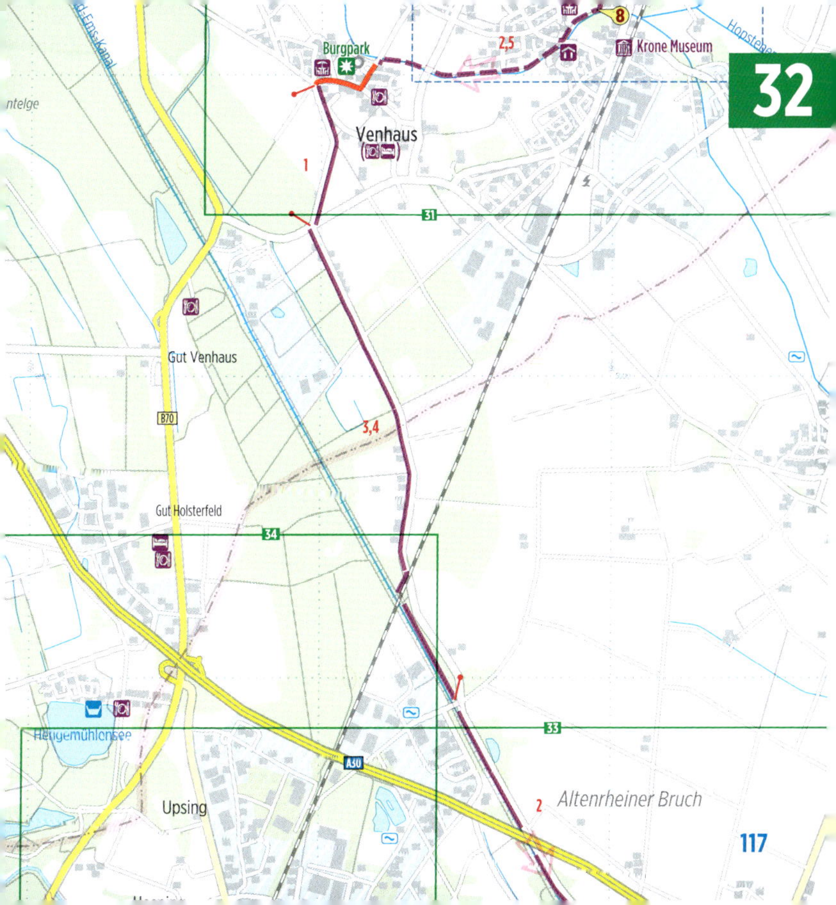
32
Burgpark
Venhaus
Krone Museum
2,5
8
1
31
ntelge
Gut Venhaus
B70
3,4
Gut Holsterfeld
34
Heiligemühlensee
A30
33
Upsing
2
Altenrheiner Bruch

Saline Gottesgabe, Rheine

9 Rheine

Vorwahl: 05971

Rheine. Tourismus. Veranstaltungen. e. V., Bahnhofstr. 14, ✆ 800650, @ yqt671

Falkenhof-Museum, Tiefe Str. 22, ✆ 920610 Der nach den früheren Besitzern, der Familie von Valke, benannte Hof gilt als „Urzelle" von Rheine und wurde 838 erstmals urkundlich erwähnt. Heute wird der Falkenhof als Museum der Stadt Rheine genutzt. In den zeitgemäß eingerichteten Räumen entdecken Sie u. a. archäologische Fundstücke, eine umfangreiche Kunstsammlung und eine Waffensammlung. @ cje284

Apothekenmuseum, Marktstr. 2 Die bereits 1677 urkundlich erwähnte Löwenapotheke gilt als eine der ältesten und bedeutendsten Apotheken des Münsterlandes. In dem denkmalgeschützten Gebäude sind zahlreiche Gerätschaften und Einrichtungsgegenstände aus mehreren

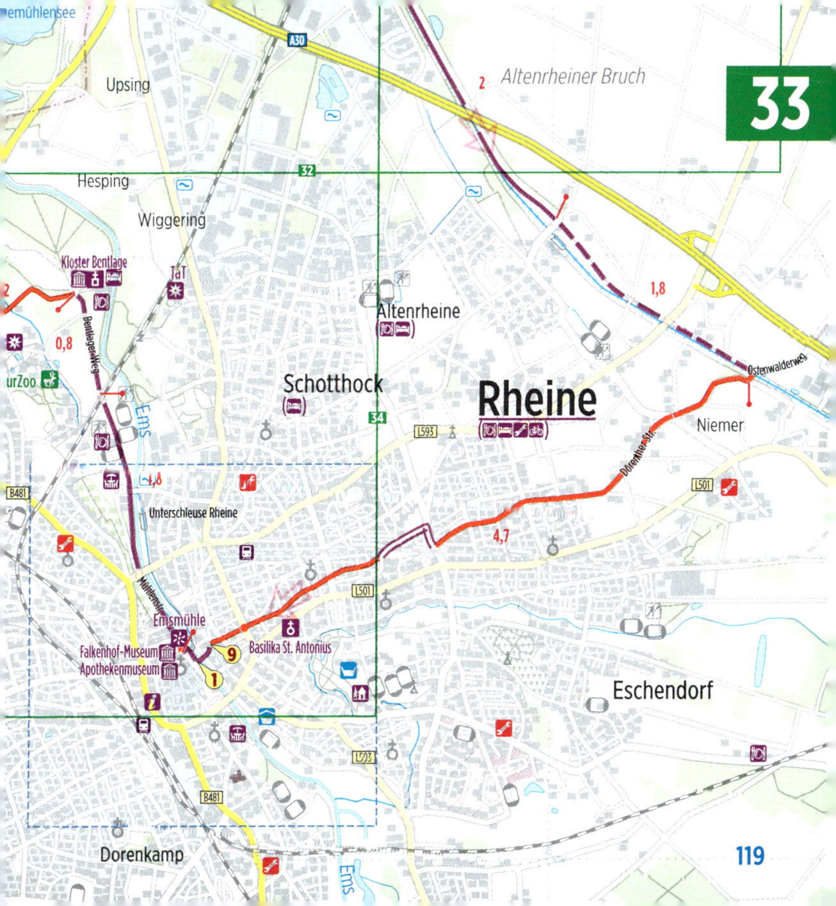
33
Altenrheiner Bruch
Upsing
Hesping
Wiggering
Kloster Bentlage
TaT
Altenrheine
Schotthock
Rheine
Niemer
Ostenwalderweg
Dorenther Str.
Bentlager Weg
Ems
Unterschleuse Rheine
Mühlenstr.
Emsmühle
Falkenhof-Museum
Apothekenmuseum
Basilika St. Antonius
Eschendorf
Dorenkamp
A30
B481
L593
L501
L593
2
1,8
0,8
4,7
1
9

Basilika St. Antonius, Rheine

Jahrhunderten Pharmaziegeschichte ausgestellt. @ dbi523

- **Kath. Basilika St. Antonius**, Bevergerner Str. 25. Neoromanische Pfarrkirche mit dem höchsten Turm des Münsterlandes.
- **St. Dionysius**, Marktpl. 14, ✆ 91451100. Spätgotische Hallenkirche, die zwischen 1400 und 1520 erbaut wurde. @ kgf384
- **Emsmühle**, Mühlenstr. 64. Das Natursteingebäude wurde 1754 erbaut, die Mühle war bis 1965 in Betrieb.
- **Historischer Marktplatz.** Der Marktplatz spiegelt nahezu ungestört den Charakter einer mittelalterlichen Stadt wider.
- **Hallenbad Rheine**, Hemelter Str. 40, ✆ 45310, @ udw846

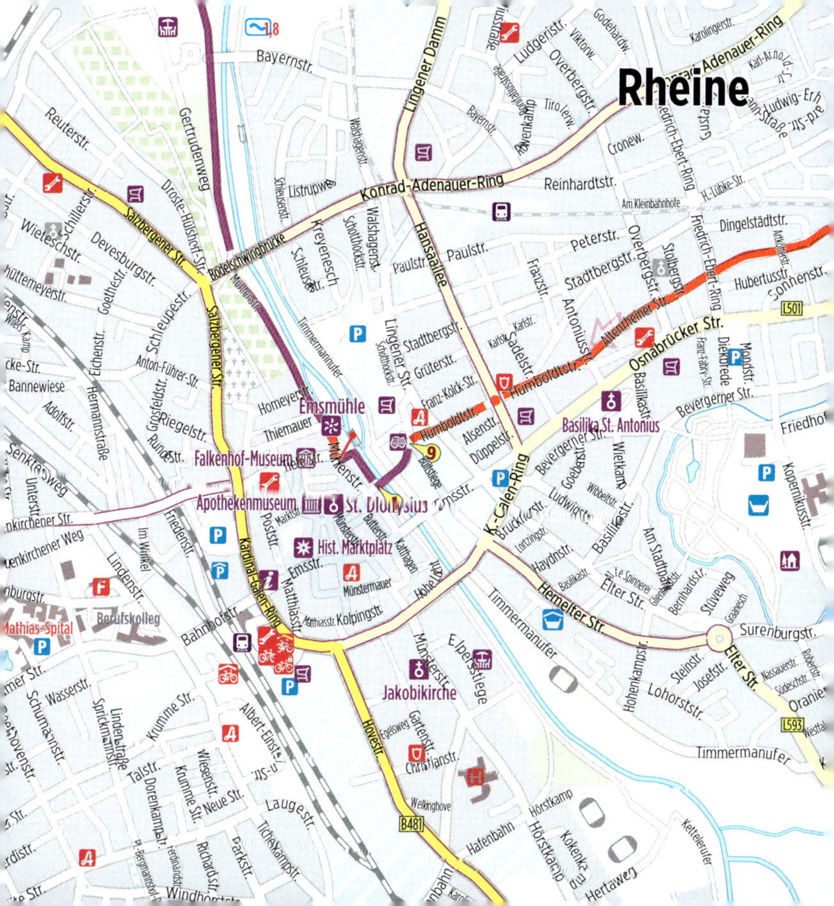
Rheine
Konrad-Adenauer-Ring
Lingener Damm
Bayernstr.
Reuterstr.
Gertrudenweg
Salzbergener Str.
Droste-Hülshoff-Str.
Bodelschwinghbrücke
Listrupweg
Schleusenstr.
Kreyenesch
Walshagenstr.
Hansaallee
Paulstr.
Peterstr.
Reinhardtstr.
Dingelstädtstr.
Stadtbergstr.
Overbergstr.
Friedrich-Ebert-Ring
Hubertusstr.
Sonnenstr.
Altenrheiner Str.
Osnabrücker Str.
Humboldtstr.
Basilikastr.
Bevergerner Str.
Basilika St. Antonius
Emsmühle
Falkenhof-Museum
Apothekenmuseum
St. Dionysius
Hist. Marktplatz
Kardinal-Galen-Ring
K.-Galen-Ring
Hemelter Str.
Elter Str.
Surenburgstr.
Timmermanufer
Jakobikirche
Hovestr.
Bahnhofstr.
Mathias-Spital
Berufskolleg
Lindenstr.
Friedenstr.
Devesburgstr.
Goethestr.
Schleupestr.
Riegelstr.
Hermannstraße
Bannewiese
Senkteweg
Kolpingstr.
Münsterstr.
Elperstiege
Christianstr.
Laugestr.
Hafenbahn
Hörstkamp
Kokenkamp
Hertaweg
Kettelerufer
Lohorststr.
Hohenkampstr.
Wiesenstr.
Neue Str.
Talstr.
Parkstr.
Richardstr.
Windhorststr.
Friedhof
Kopernikusstr.
L501
L593
B481
9

Von Rheine nach Meppen 82,6 km

HM/km: ↗ 1,3 (111m) ↘ 1,6 (131m) Radweg: 45 % Unbefestigt: 14 % Verkehr: 2 %

Der letzte Abschnitt der Emsland-Route führt Sie von Rheine zurück nach Norden. Gleich nachdem Sie das Stadtgebiet hinter sich gelassen haben, kreuzt die gotische Klosteranlage Bentlage Ihren Weg. Weiter entlang der Ems haben Sie bei Emsbüren die Möglichkeit sich im SwingGolf zu probieren und bei Hanekenfähr einen Abstecher nach Nordhorn einzulegen. Die historische Stadt Lingen hat im Bereich Kunst und Kultur allerlei zu bieten und am Speichersee Geeste können Sie sich mit einer Runde Schwimmen abkühlen. Eine Variante der Emsland-Route führt Sie bei Groß Hesepe in den Internationalen Naturpark Bourtanger Moor-Veenland, ein Muss für alle Naturliebhaber. Zurück an der Ems radeln Sie nun von Süden kommend nach Meppen und kommen so am Ausgangspunkt Ihrer Rundtour an.

Auch der letzte Abschnitt zeichnet sich durch geringe Steigungen sowie verkehrsarme Routenführung auf Radwegen und ruhigen Nebenstraßen aus. An einigen Stellen müssen Sie jedoch mit unbefestigten Wegen rechnen.

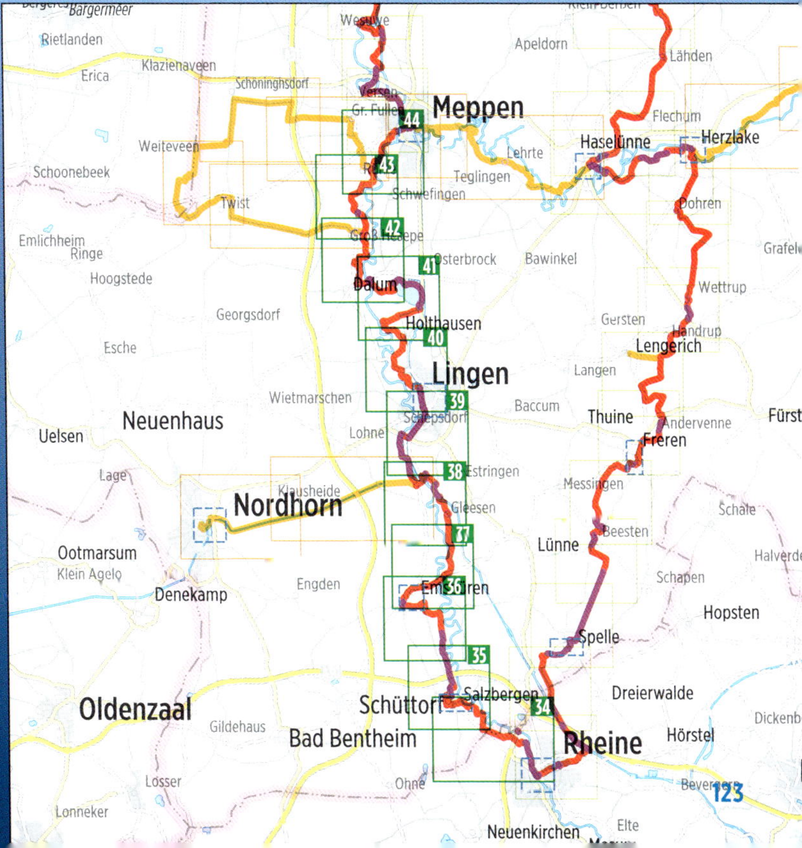
Bargermeer
Rietlanden
Klazienaveen
Erica
Schöninghsdorf
Wesuwe
Apeldorn
Lähden
Versen
Gr. Fullen
44
Meppen
Flechum
Weiteveen
Haselünne
Herzlake
Lehrte
Schoonebeek
43
Teglingen
Schwefingen
Twist
Dohren
Emlichheim
Ringe
42
Groß Hesepe
Grafeld
41
Osterbrock
Bawinkel
Hoogstede
Dalum
Wettrup
Georgsdorf
Holthausen
Gersten
Handrup
40
Lengerich
Esche
Lingen
Langen
Wietmarschen
39
Baccum
Thuine
Fürst
Neuenhaus
Schepsdorf
Andervenne
Uelsen
Lohne
Freren
Lage
38
Estringen
Messingen
Klausheide
Nordhorn
Gleesen
Schale
37
Beesten
Lünne
Halverde
Ootmarsum
Klein Agelo
Schapen
Engden
Emsbüren
36
Denekamp
Hopsten
Spelle
35
Dreierwalde
Oldenzaal
Schüttorf
Salzbergen
34
Gildehaus
Dickenberg
Hörstel
Bad Bentheim
Rheine
Losser
Ohne
Bevergern
Lonneker
Neuenkirchen
Elte

1 Rheine

In Rheine radeln Sie am Radweg das linke Emsufer entlang nach Norden und halten sich auch auf weiterer Strecke immer in Emsnähe. Auf ruhigen Nebenstraßen und Radwegen führt Sie Ihre Route bis nach Emsbüren.

Bentlage (Rheine)

Vorwahl: 05971

Museum Kloster Bentlage, Bentlager Weg 130, 918400 Westfälische Galerie mit Werken der bedeutendsten westfälischen Künstler der letzten hundert Jahre sowie Dokumente und Kunstwerke des Kreuzherrenklosters und späteren Klosters Bentlage. Glanzstücke sind die im deutschsprachigen Raum einmaligen spätmittelalterlichen Reliquiengärten. ara767

Kloster Bentlage, Bentlager Weg 130, 918468. Die Gründung des ehemaligen Kreuzherrenklosters geht auf das Jahr 1437 zurück. Es gilt als die besterhaltene gotische Klosteranlage im ländlichen Westfalen, auch wenn es in späteren

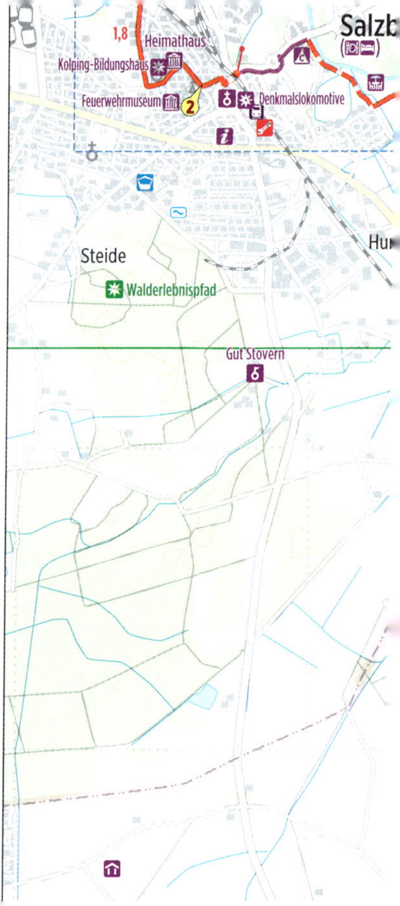

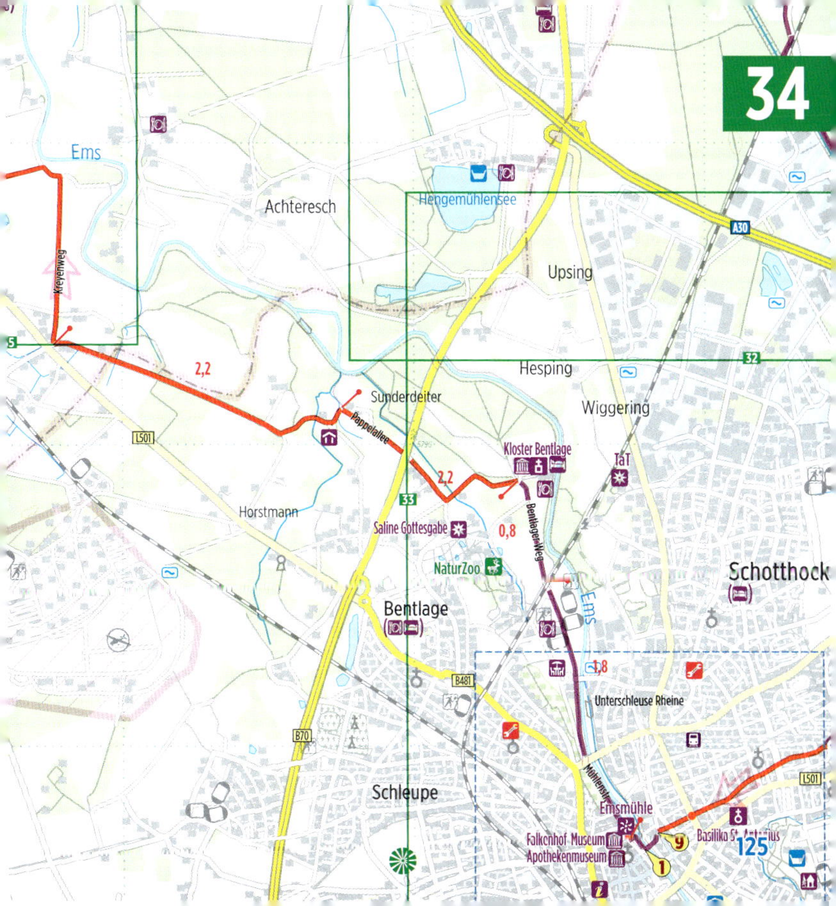
34
Ems
Achteresch
Hengemühlensee
Upsing
A30
Kreyenweg
5
2,2
Hesping
32
Sunderdeiter
Pappelallee
Wiggering
L501
Kloster Bentlage
TaT
2,2
33
Horstmann
Saline Gottesgabe
0,8
Bentlager Weg
NaturZoo
Schotthock
Bentlage
Ems
1,8
B481
Unterschleuse Rheine
B70
L501
Schleupe
Mühlenstr.
Emsmühle
Falkenhof Museum
Apothekenmuseum
Basilika St. Antonius
9
1
125

Jahrhunderten um barocke und klassizistische Bauelemente ergänzt worden ist. 1803 wurde das Kloster im Rahmen der Säkularisierung aufgehoben und diente dem Herzog des Fürstentums Rhein-Wolbeck als Residenz. @ soj157

Saline Gottesgabe, Salinenstr. 105. Im Naherholungsgebiet Rheine-Bentlage befindet sich die älteste Salinenanlage Westfalens mit Salzsiedehaus und Gradierwerk. Der Salinenpark wurde vom Europäischen Gartennetzwerk ausgezeichnet. Der Rheine.Tourismus.Veranstaltungen e. V. bietet unterhaltsame Führungen zur Salz-, Kloster- oder Naturroute innerhalb des „Bentlager Dreiklangs". Informationen unter ☎ 05971/9127894. @ wmc366

NaturZoo Rheine, Salinenstr. 150, ☎ 161480 (7d) Einmalige Naturzoo-Anlage

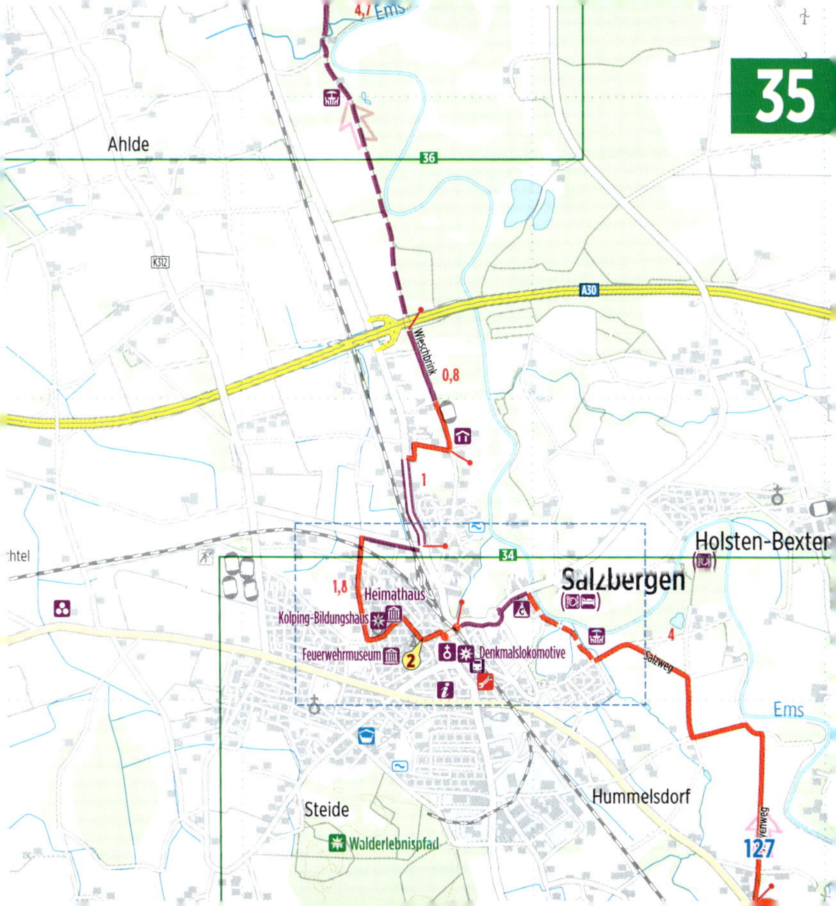
35
4,7 Ems
Ahlde
36
K312
A30
Wieschbrink
0,8
1
Holsten-Bexter
34
Salzbergen
1,8
Heimathaus
Kolping-Bildungshaus
Feuerwehrmuseum
2
Denkmalslokomotive
4
Salzweg
Ems
Steide
Hummelsdorf
Walderlebnispfad
127

mit Affenwald, Storchenreservat, Streichelzoo u. v. m. @ owe557

2 Salzbergen

Vorwahl: 05976

Gemeinde Salzbergen, Franz-Schratz-Str. 12, ✆ 94790, @ jai123

Feuerwehrmuseum, Overhuesweg 18, ✆ 94393 Thema: Sicherung und Erhaltung alter Traditionsstücke des Feuerlöschwesens. @ lkd814

St. Cyriakus, Kirchpl. Die fünfschiffige Kirche im neugotischen Stil wurde im Jahr 1897 erbaut. Sie verfügt über eine beeindruckende Innenausstattung.

Gut Stovern. Das dreiflügelige Rittergut wurde erstmals im Jahr 1230 als Stammsitz von Arnold von Stövern erwähnt. Da das Schloss heute bewohnt ist, ist es nicht frei zugänglich. Es besteht jedoch einmal im Monat die Möglichkeit, das Gut zu besichtigen. Anmeldung für Termine über die Gemeinde Salzbergen.

Denkmalslokomotive, Bahnhof, ✆ 94790, ✆ 2536. Die Denkmalslok wurde 1942 von der Firma Krupp gebaut. Es handelt sich hier um eine 043-Dampflok.

Heimathaus, Kolpingstr. 1, ✆ 368. Im Fachwerkstil umgesetztes Heuerhaus mit alter Diele.

Kolping-Bildungshaus, Kolpingstr. 4, ✆ 94940. Bildungsstätte im Fachwerkstil mit Teichanlage. @ jdb627

Walderlebnispfad Stovener Wald, Steider Str., ✆ 94790. Staunen und Begreifen auf spielerischer Entdeckungsreise im Stoverner Wald.

Hallenbad, Steider Str. 23, ✆ 94210, @ ckp863

Die Ursprünge von Salzbergen reichen bis in die vorchristliche Zeit zurück, erstmals schriftlich erwähnt wurde der Ort jedoch erst im Jahre 1177. Lange Zeit hatte Salzbergen den Status eines Bauerndorfes, doch mit dem Bau der Eisenbahnlinie und der Errichtung der Erdölraffinerie im 19. Jahrhundert begann schließlich der wirtschaftliche Aufschwung. Nach den beiden Weltkriegen mussten sowohl die Raffinerie als auch zahlreiche Gebäude neu aufgebaut

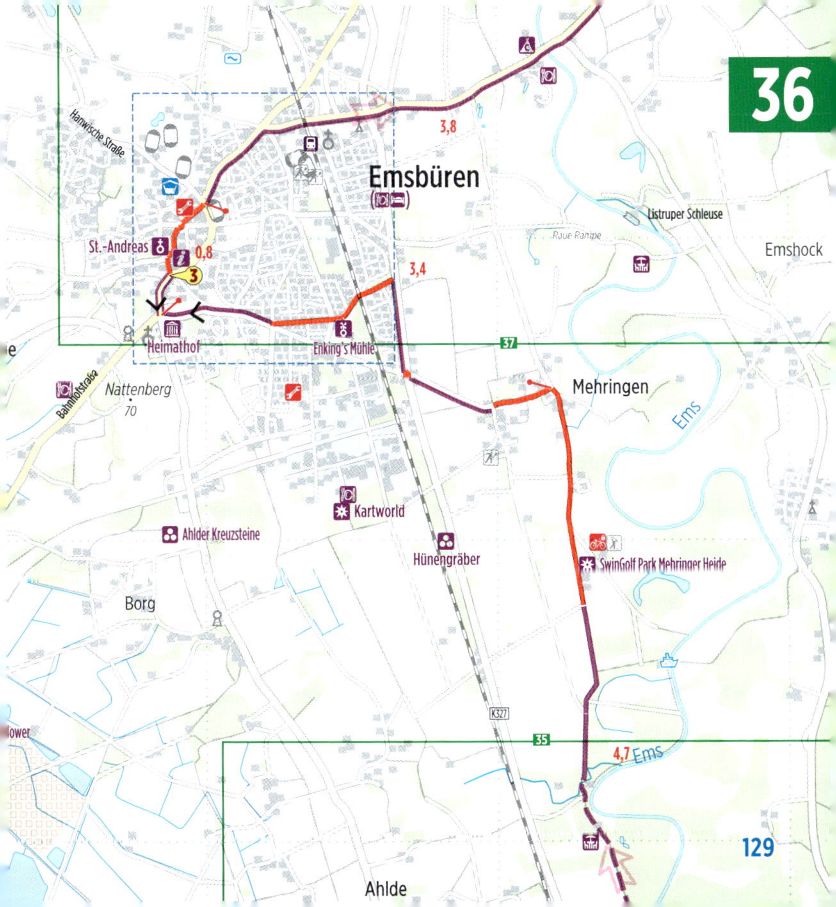
36
Emsbüren
3,8
3,4
0,8
4,7
Hanwische Straße
St.-Andreas
Heimathof
Enking's Mühle
Listruper Schleuse
Raue Rampe
Emshock
37
Mehringen
Ems
Nattenberg
70
Bahnhofstraße
Kartworld
Ahlder Kreuzsteine
Hünengräber
SwinGolf Park Mehringer Heide
Borg
K327
35
Ahlde

werden. Heute ist Salzbergen mit den Ortsteilen Holsten-Bexten, Hummeldorf und Steide eine Gemeinde, die Einwohnern und Touristen einiges zu bieten hat.

3 Emsbüren

Vorwahl: 05903

- **VVV Emsbüren e. V.**, Dahlhok 14, ✆ 935758, @ pwq235
- **Emsfähre St. Christophorus MehrLi**, ✆ 935758, Fährzeiten: Mai-Okt., Sa 14-18 Uhr, So/Fei 10-18 Uhr. Die handbetriebene seilgebundene Fähre überquert die Ems zwischen den Ortsteilen Mehringen und Listrup. @ abf821
- **Freilichtmuseum Heimathof Emsbüren**, Ludgeristr. 2, „Galgenberg", ✆ 935758,

Dortmund-Ems-Kanal

Emsbüren
Lingener Str.
Auf dem Diek
Emsstraße
Bahnhofstr.
Prozessionsw.
Gerstenw.
Prozessionsweg
Hanwische Str.
Bahnhofstr.
Nelkenstr.
Asternstr.
Narzissenstr.
Am Bahndamm
Glatzer Straße
Lönsweg
Lambertiweg
Eichendorffstraße
Windthorststraße
Querstraße
Stormstraße
Tannenstraße
Kornblumenstr.
Tulpenstr.
Im Hagen
Liliensstr.
Dahlienstr.
Rosenstr.
Sonnenblumenw.
Im Dunkern
Schützenstr.
Bahnhofstr.
Richthofstr.
Richthofstr.
Grenzstr.
Kespelweg
Josef-Tiesmeyer-Str.
Dahlhok
Markt
Rathaus
Andreas
Papestr.
Uphok
In der Maate
0,8
Zur Windmühle
Weidenstr.
Am Santenkamp
Eichenstr.
Amselw.
Birkenstr.
Sophienstraße
Karolinenstraße
Hedwigstraße
Haagenkamp
Fleckenw.
Leschede Str.
Tietmeyerstraße
Mühlenstraße
Lange Str.
Mehringer Str.
Heie
Am Wall
Am Schüttenkamp
Am Santenkamp
Glinsterw.
Glinsterw.
Espenweg
Feldstraße
Buchenweg
Ludgeristr.
Mühlenstr.
Elisabethstraße
Marthastraße
Johannisbeerweg
Im Gartenfeld
Mehringer Str.
Heimathof
Heilkräutergarten
Am Fleckenbach
Fasanenweg
Enking's Mühle
Am Heimathof
Am Kräutergarten
Ahlder Str.
Eschstr.
Waldstr.
3

☎ 9328137 Die 8 originalgetreu aufgebauten Fachwerkhäuser zeigen das bäuerliche Leben des 18. Jhs. Sehenswert ist auch der Heilkräutergarten. @ wfl824

St. Andreas, Kirchpl. Der älteste erhaltene Teil der Kirche ist ein romanisches Tor aus dem 12. Jh., mit schönem historischen Pfarrgarten.

Enking's Mühle, Mühlenstr. 32, ☎ 281 Die restaurierte Holländer-Windmühle (1802) wird heute noch zum Schroten von Roggen genutzt, mit Schwarzbrotbäckerei und Mühlencafé. Führungen n. t. V. @ fpg138

Kartworld, Schmiedestr. 14, ☎ 941780 Kartfahren auf einer 1.000 m langen Außenbahn. @ guy346

SwinGolf Mehringer Heide, Mehringen 19a, ☎ 6560 18-Loch-Anlage auf einer Fläche von 9 ha. SwinGolf ist eine platzsparende, vereinfachte Variante von Golf, die aus Frankreich stammt – gewissermaßen Golf rustikal. Auf der Anlage befinden sich u. a. ein Bauernhofcafé und eine Salzgrotte sowie von Juli bis Okt. ein Maisirrgarten. @ bno288

Heilkräutergarten, Ludgeristr. 2, beim Heimathof, ☎ 935758 Auf einer Fläche von 2.000 m² sind ca. 200 Nutz- und Heilkräuter angebaut. @ wes153

Ems-Bad, Hanwische Str. 7, ☎ 7445, @ qkc285

Auf Ihrem Weg nach Lingen wechseln Sie mehrmals zwischen den Ufern der Ems und des Dortmund-Ems-Kanals. Den Großteil des Weges bestreiten Sie auf Radwegen und ruhigen Nebenstraßen. Rund um das Kernkraftwerk Emsland müssen Sie aber auch mit vermehrtem Verkehrsaufkommen rechnen.

4 Gleesen (Emsbüren)

5 Hanekenfähr (Lingen (Ems))

Vorwahl: 0591

Hotel Am Wasserfall, Am Wasserfall 2, ☎ 8090. Rundfahrten von Juli-Mitte Aug., Mo-Sa, Sept.-Anf. Okt., So/Fei. Linien-, Rund-, Charter- und Sonderfahrten auf Ems und Dortmund-Ems-Kanal. @ yua411

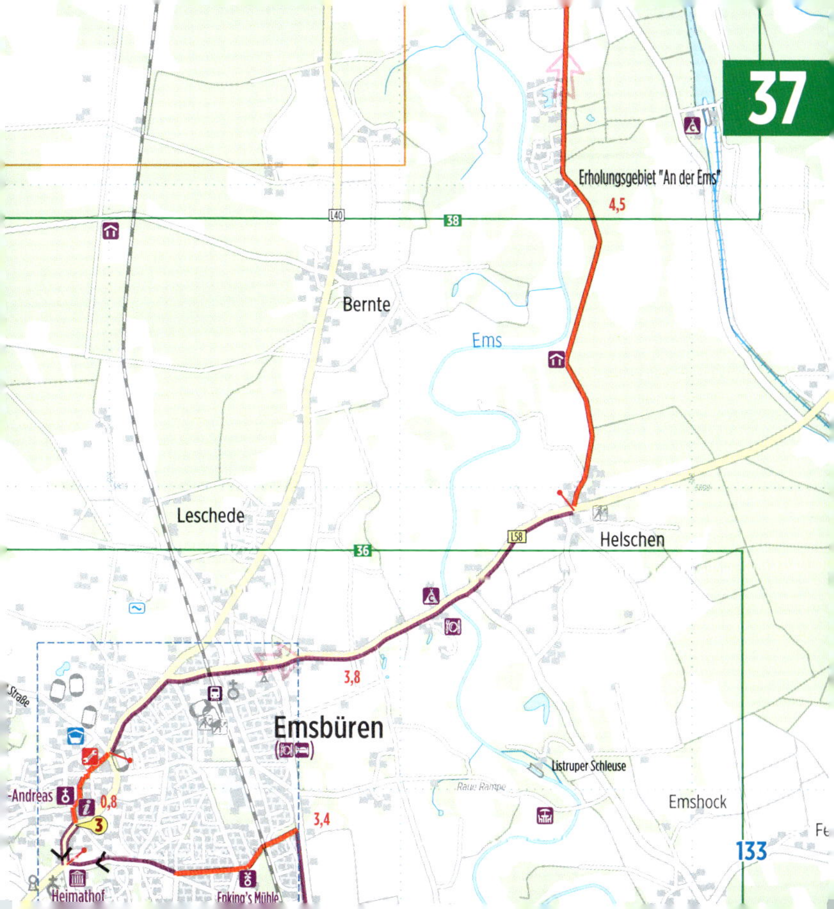

37
Erholungsgebiet "An der Ems"
4,5
L40
38
Bernte
Ems
Leschede
L58
Helschen
36
3,8
Emsbüren
Listruper Schleuse
Raue Rampe
Emshock
Straße
-Andreas
0,8
3
3,4
Heimathof
Enking's Mühle
133

Wasserfall Hanekenfähr

Wasserfall Hanekenfähr (24) Das Emswehr in Hanekenfähr dient sowohl als Knotenpunkt im Wasserstraßennetz, wie auch als Naherholungsgebiet. Aufgrund des Wasserüberlaufs am Wehr wird es auch liebevoll als Wasserfall bezeichnet.

AUSFLUG In Hanekenfähr **5** können Sie einen Abstecher nach Nordhorn machen. Dafür fahren Sie entlang des Radweges am Ems-Vechte Kanal nach Westen, bis Sie direkt in Nordhorn ankommen.

Nordhorn

Vorwahl: 05921

Grafschaft Bentheim Tourismus, Nino-Allee 2, ✆ 961196, @ xas552

VVV-Stadt- und Citymarketing, Firnhaberstr. 17, ✆ 80390, @ qud714

City-Rundfahrt mit einem Vechteboot, Finnhaberstr. 17, ✆ 80390 (M) In den Sommermonaten kann man mit einem der Fahrgastschiffe rund um die Innenstadtinsel fahren und so die Stadt vom Wasser

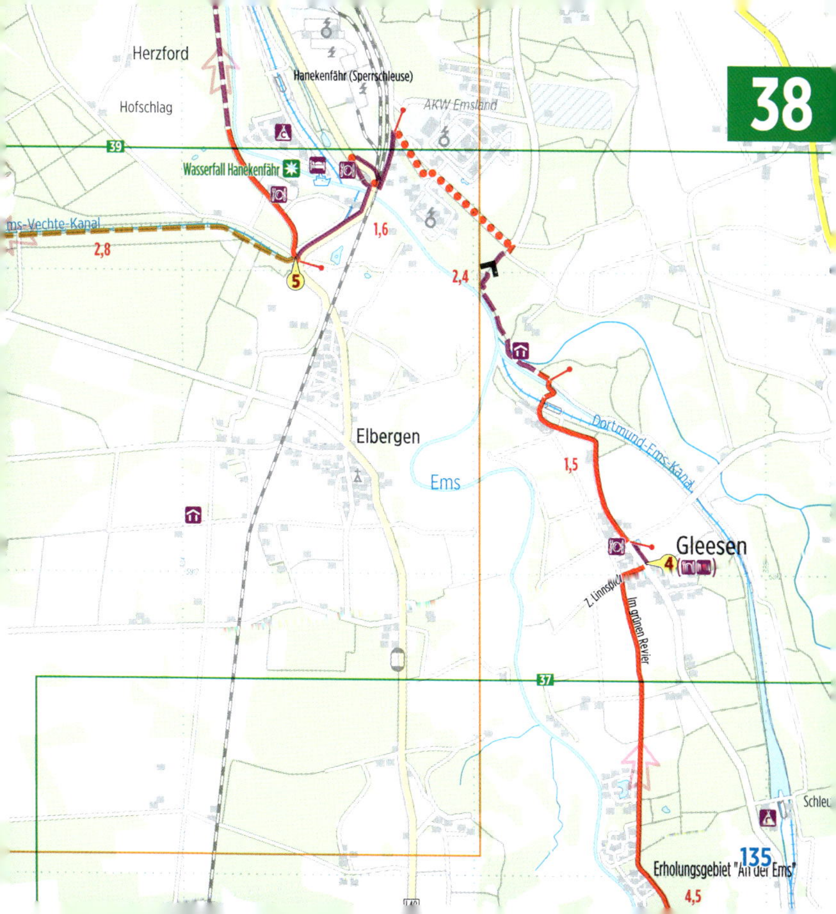
38
Herzford
Hofschlag
Hanekenfähr (Sperrschleuse)
AKW Emsland
39
Wasserfall Hanekenfähr
ms-Vechte-Kanal
2,8
1,6
5
2,4
Elbergen
Ems
Dortmund-Ems-Kanal
1,5
Gleesen
4
Z. Linnspl
Im grünen Revier
37
Schleu
Erholungsgebiet "An der Ems"
4,5

Klausheide
e-Kanal
7,5
Truppenübungsplatz Engdener Wüste

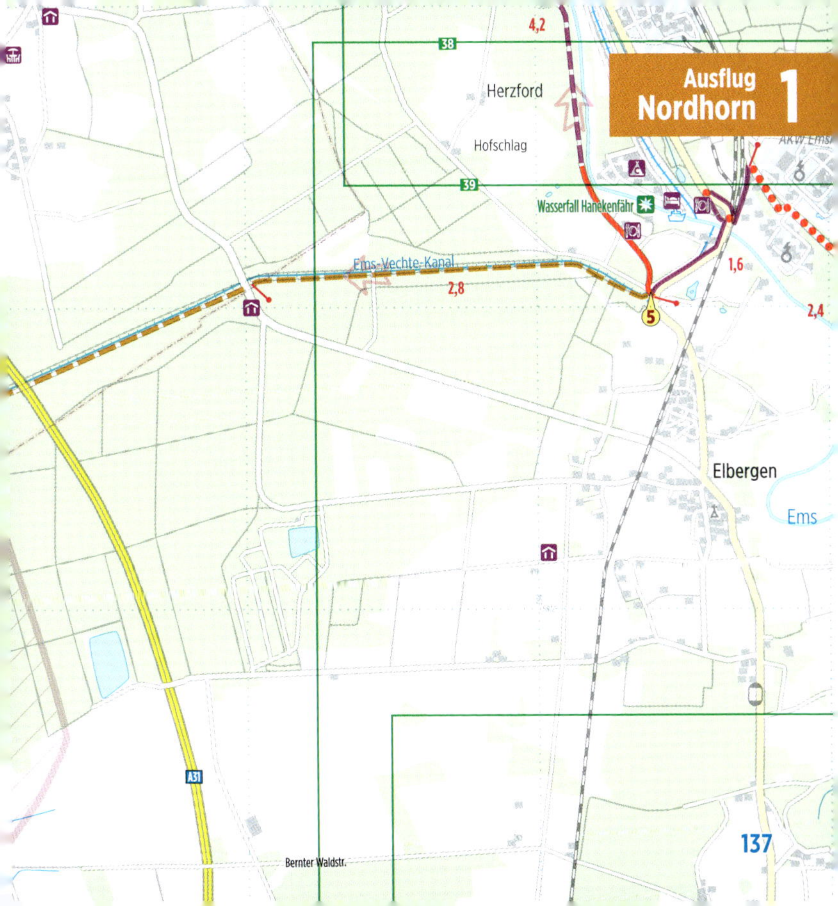
4,2
38
Herzford
Hofschlag
39
Wasserfall Hanekenfähr
Ems-Vechte-Kanal
2,8
1,6
2,4
5
Elbergen
Ems
A31
Bernter Waldstr.

aus bestaunen. Dauer ca. 1 Std. @ dwv316

Kanutouren auf der Vechte, Menkenweg 24, ✆ 38774, ✆ 01728086154, @ fid511

Schifffahrts-Museum, Lingener Str. 132, ✆ 307141 Die Geschichte der Schifffahrt, der Navigation, des Walfangs und des Tauchens sind Thema der großteils privaten Sammlung des Museums. In der Schifffahrtsbibliothek finden sich historische Kostbarkeiten aus vergangenen Jahrhunderten. @ iae824

Städtische Galerie, Vechteaue 2, Alte Weberei, ✆ 971100 Auf etwa 450 m² zeigt das Haus wechselnde Ausstellungen mit Malerei, Skulptur, Video und großen Installationen von zeitgenössischen und internationalen Künstlern. @ btu121

Stadtmuseum - Alte Weberei, Vechteaue 2, ✆ 721500 In der Alten Weberei, die einer der drei Ausstellungsorte ist, die zum Stadtmuseum Norhorn gehören, kann man Textilindustrie anhand von Maschinen aus ihrer Blütezeit „live" erleben. @ xpn222

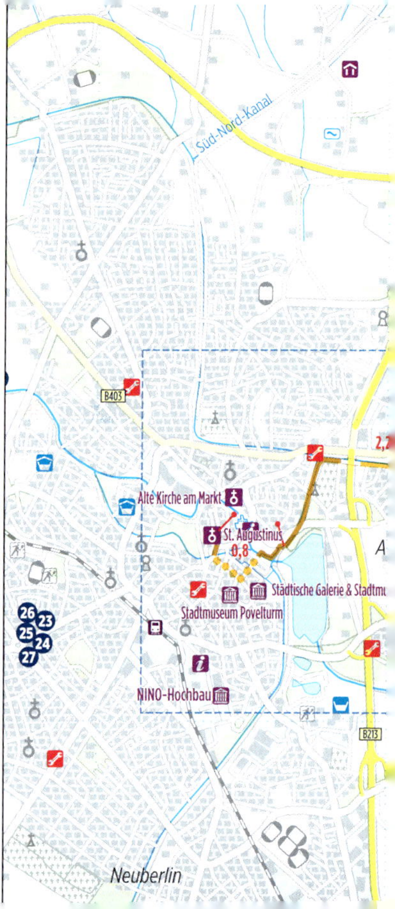

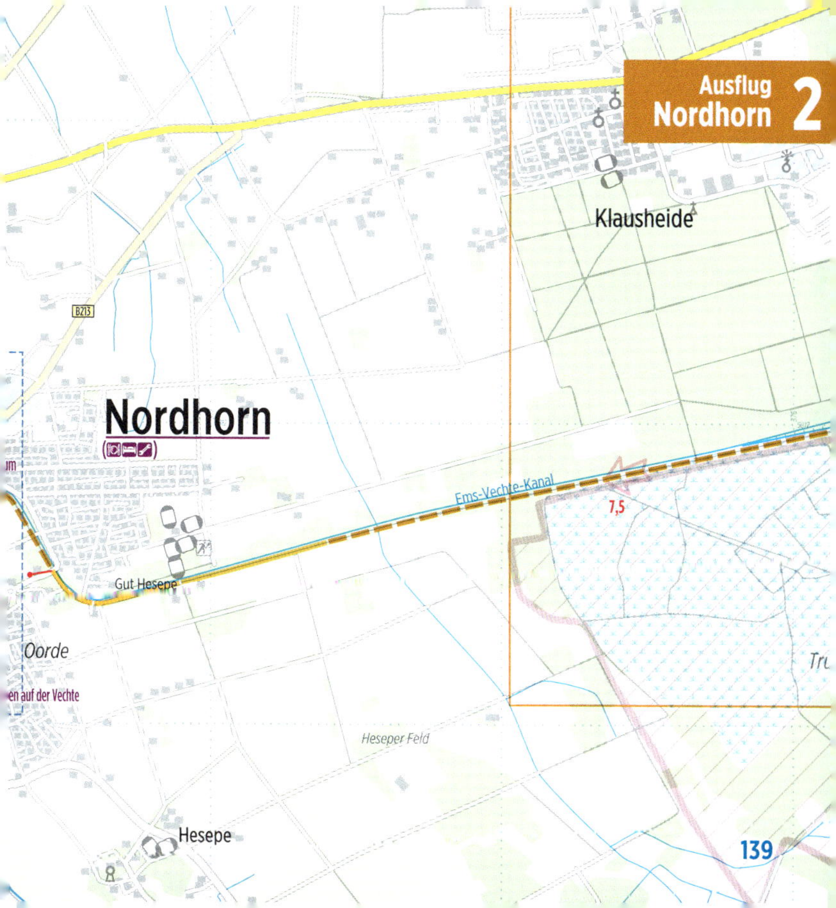
Klausheide
B213
Nordhorn
Ems-Vechte-Kanal
7,5
Gut Hesepe
Oorde
en auf der Vechte
Heseper Feld
Hesepe

Stadtmuseum - NINO-Hochbau, NINO-Allee 11, 721500 Die Dauerausstellung „Menschen, Mode und Maschinen" entführt auf eine Zeitreise in die Geschichte des einstigen Textilzentrums Nordhorn. @ pov836

Stadtmuseum - Povelturm, Kokenmühlenstr. 18, 721500 Hier finden Wechselausstellungen zur Stadtgeschichte statt, die Nordhorn als Grenz-, Textil- und Wasserstadt zeigen. @ tjj147

Alte Kirche am Markt, Am Markt 1, 82110 Neben dem Kloster Frenswegen ist die 1445 geweihte, heute reformierte Kirche das älteste Gebäude Nordhorns mit Wandmalereien aus dem 15. und 16. Jh. Von April bis Oktober findet jeden Sonntag eine Turmführung statt. @ wvp616

St. Augustinus, Burgstr. 12. Der mächtige achteckige Kuppelbau wurde 1913 nach Plänen des Hamburger Architekten Keith errichtet. Das Taufbecken und ein Kreuz in der Kirche stammen aus dem alten Kloster in Frenswegen. @ wwy126

Altes Rathaus, Lingener Str. 3. Der 1914 errichtete Bau diente bis 1929 der Stadtverwaltung und beherbergt heute die städtische Musikschule.

Nordhorn-Almelo-Kanal. Der 1904 fertiggestellte Kanal brachte der Region den Anschluss an norddeutsche und niederländische Wasserstraßen und war damit für die Nordhorner Textilindustrie von Bedeutung. Heute verkehren hier keine Schiffe mehr. Auf der etwa 35 km Strecke Richtung Almelo fährt man zu beiden Seiten des Kanals auf gut ausgebauten Radwegen. @ chr827

Stadtpark. Die Anlage gehörte vor über 100 Jahren zum Privatgarten des Textilfabrikanten Rawe. Die 1719 erbaute Kornmühle am Eingang des Parks wird heute für Kleinkunstveranstaltungen genutzt.

Tierpark, Heseper Weg 110, 712000 Im Tierpark mit einer Fläche von 10 ha kann man neben den 1700 Tieren in 100 verschiedenen Arten auch den historischen Vechtebauernhof bestaunen. @ fdp837

Nordhorn
Altes Rathaus
Alte Kirche am Markt
St. Augustinus
Stadtpark
Schifffahrtsmuseum
Städtische Galerie & Stadtmuseum Alte Weberei
Stadtmuseum Povelturm
Nordhorn-Almelo-Kanal
Tierpark
NINO-Hochbau
Kanutouren auf der Vechte
2,2
0,8
Altendorfer Ring
Am Ems-Vechte-Kanal
Lingener Str.
Wietmarscher Str.
Osttangente
Frensdorfer Ring
Heseper W.
Seeuferstr.
Am Südufer
Wasserstr.
Seepark
Basiskarte © OpenStreetMap Contributors

delfinoh Hallen- und Freibad, Am Sportpark 19, ✆ 88780, @ did175

Schon um 800 wurde die Nordhorner Ansiedlung dem Bistum Münster zugeordnet. Bischof Liudger baute auf einem vorspringenden Sporn in der Vechteaue eine Holzkirche. Um 900 wird der Name der Stadt erstmals im Heberegister des Klosters Werden an der Ruhr als „Northhornon" erwähnt. Nordhorn erlebte eine frühe Blütezeit im 15. Jahrhundert. Auf der schiffbaren Vechte wurde vor allem der Bentheimer Sandstein in die Niederlande exportiert. Die Stadt lebte von der Schifffahrt auf der Vechte. Wohlhabende Kaufleute, Reeder und Schiffer ließen sich hier nieder.

Nach dem Wiener Kongress 1815 kam der einst rege Handel mit den Niederlanden zum Erliegen. In den Folgejahren verarmte die Stadt und ein Ausbau der Vechte für größere Binnenschiffe wurde versäumt. Der Fluss versandete zusehends, Händler und Spediteure verließen die Stadt, ganze Familien wanderten nach Amerika aus. 1839 kam die Wende für Nordhorn mit der Ansiedelung mehrerer Textilbetriebe. Die zunehmende Industrialisierung beschleunigte das Wachstum der Webereien.

Ende des 19. Jahrhunderts wurde Nordhorn in ein Netz von künstlichen Wasserstraßen einbezogen und an das Schienennetz angeschlossen. Das boomende Textilgewerbe bot auch noch in den 1920er Jahren Arbeitsmöglichkeiten, die Einwohnerzahl erhöhte sich kontinuierlich. Aus dem an der Schwelle zum 20. Jahrhundert nur 3.000 Einwohner zählenden Landstädtchen entwickelte sich bis heute eine lebendige Kreisstadt mit über 54.000 Einwohnern.

Schepsdorf (Lingen (Ems))

Vorwahl: 0591

Kanucamp Lingen, Nordlohner Str. 1b, ✆ 831214. Kanu- u. Kajakverleih, Bogenschießen, @ glx341

6 Lingen (Ems)

Vorwahl: 0591

Lingen Wirtschaft & Tourismus GmbH, Neue Str. 3a, ✆ 9144144, @ prm172

Emslandmuseum mit Kutscherhaus, Burgstr. 28b, ✆ 47601 Geschichte des

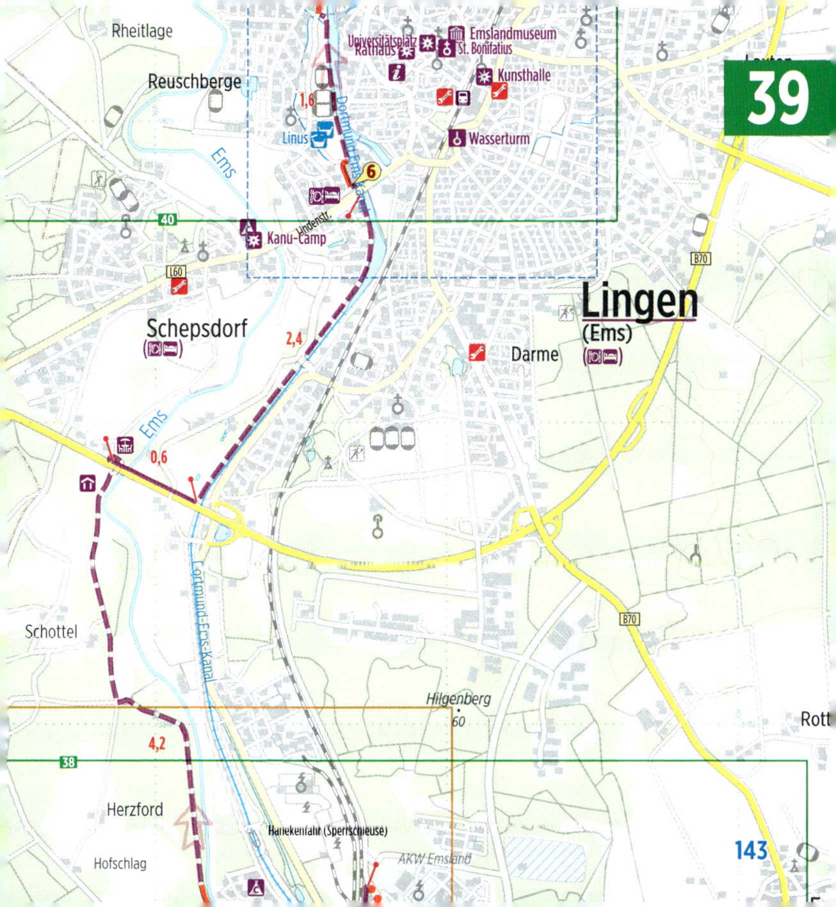

39
Rheitlage
Reuschberge
Universitätsplatz
Rathaus
Emslandmuseum
St. Bonifatius
Kunsthalle
Wasserturm
Linus
Dortmund-Ems-Kanal
Ems
1,6
6
40
Lindenstr.
Kanu-Camp
L60
B70
Lingen
(Ems)
Schepsdorf
2,4
Darme
0,6
Schottel
Dortmund-Ems-Kanal
B70
Hilgenberg
60
Rott
4,2
38
Herzford
Hanekenfähr (Sperrschleuse)
AKW Emsland
Hofschlag
143

Lingener Landes vom Mittelalter bis zum Ende des Zweiten Weltkrieges. @ cju571

Kunsthalle Lingen, Kaiserstr. 10a, Halle IV, ✆ 59995 Wechsel- und Dauerausstellungen der bildenden Kunst. @ ejx323

Lern- und Gedenkort Jüdische Schule, Synagogenstr., ✆ 5544 Dokumentation der 250-jährigen jüdischen Geschichte der Stadt, von den Anfängen im 17. Jh. bis zu den Deportationen der Familien 1941/42. @ ctw542

Kreuzkirche, Universitätspl. Die Kirche mit der barocken Fassade wurde im Jahr 1737 erbaut.

St. Bonifatius, Burgstr. Die klassizistische Kirche stammt aus dem Jahr 1836.

Pulverturm, Am Pulverturm 3. Ein Nachbau des Pulverturms aus dem 15. Jh., der zur Festung Lingens gehörte und in dem die Schießpulvervorräte der Stadt gelagert wurden. Das Original wurde 1607 zusammen mit Teilen der alten Festungsanlage zerstört, als der Turm infolge eines Brandes explodierte.

Wasserturm, Kaiserstr. 30, ✆ 91200. Der 42,60 m hohe Wasserturm stammt aus dem Jahre 1909 und diente bis 1984 als zentrale Wasserversorgungsanlage der Stadt. Heute wird die Kuppel des Turms für Trauungen und andere Festlichkeiten genutzt. @ wxf573

Theater an der Wilhelmshöhe, Willy-Brandt-Ring 44, ✆ 9144411. Überzeugen Sie sich selbst von der kulturellen Vielfalt des Theaters. @ gsr867

Haus Hellmann, Burgstr. 13. Das Haus Hellmann aus dem Jahr 1641 ist eines der schönsten Bürgerhäuser der Stadt. @ djh245

Historisches Rathaus, Am Markt 15. Das Gebäude mit seinem Giebel und der repräsentativen Freitreppe ist Wahrzeichen der Stadt und bestimmt das Bild des Marktes. Das Rathaus wurde 1663 erbaut. @ mxh477

Historisches Spectaculum. Eine Stadtführung mit den Kivelingen (Kivelinge = unverheiratete Bürgersöhne, die 1372 erfolgreich die Stadt verteidigt haben,

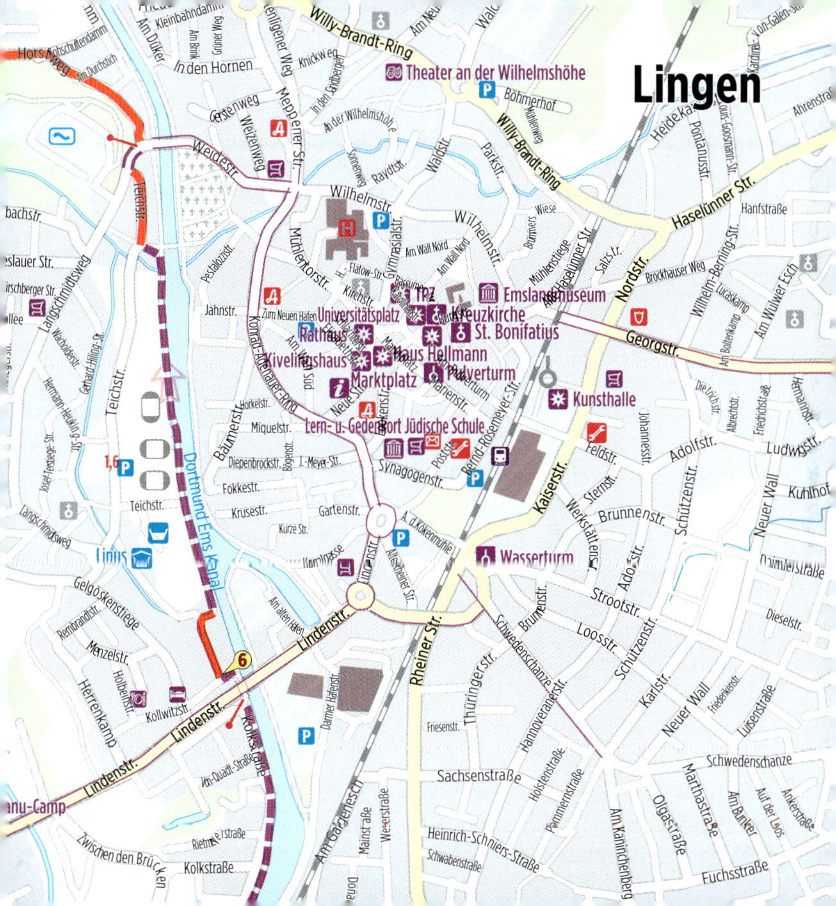
Lingen
Theater an der Wilhelmshöhe
Emslandmuseum
Universitätsplatz
TPZ
Kreuzkirche
St. Bonifatius
Rathaus
Kivelingshaus
Haus Hellmann
Pulverturm
Marktplatz
Kunsthalle
Lern- u. Gedenkort Jüdische Schule
Wasserturm
Linus
Dortmund Ems Kanal
Willy-Brandt-Ring
Haselünner Str.
Georgstr.
Nordstr.
Kaiserstr.
Rheiner Str.
Lindenstr.
Konrad-Adenauer-Ring
Wilhelmstr.
Synagogenstr.
Schwedenschanze
Teichstr.

als alle übrigen Männer bereits im Krieg waren) ist ein außergewöhnlicher Stadtrundgang, Infos zu allen Stadtführungen unter ✆ 9144144, @ cpr373

- **Kivelingshaus**, Rathausg. 1, ✆ 91440. Das Haus aus dem Jahr 1580 ist eines der ältesten Bürgerhäuser der Stadt.
- **Marktplatz**. Auf dem Marktplatz befinden sich u. a. das Historische Rathaus von 1663 und die Alte Posthalterei.
- **TPZ Theaterpädagogisches Zentrum**, Universitätspl. 5-6, ✆ 916630. Mit Erlebnishaus und Café. @ kny726
- **Universitätsplatz**. Mit dem Professorenhaus, der Kunstschule und der Kreuzkirche.
- **Linus Lingen Wasserwelten**, Teichstr. 18, ✆ 916500. Freizeit- und Spaßbad mit Freibad und 6.000 m^2 großer Saunawelt mit Innen- und Außenbereich sowie Wellness-Spa. @ pqs113

Lingen (Ems) bietet mit seiner Größe von 55.000 Einwohnern viele Überraschungen: Eine Vielzahl an historischen Bauwerken, in denen man den Atem vergangener Epochen spürt, eine idyllische Naturlandschaft rundherum, die zu den verschiedensten Freizeitaktivitäten einlädt, internationales Theaterambiente, eine Musikszene von Klassik bis Rock und zahlreiche Sportmöglichkeiten.

Historisch gesehen ist Lingen über 1.000 Jahre alt (erste urkundliche Erwähnung 975). Durch die strategisch wichtige Lage der Stadt im überörtlichen Verkehrsnetz und durch den Fluss Ems war Lingen stets von Herrscherhäusern umkämpft. Mal gehörte die Stadt zu den Spaniern, dann zu den Oraniern, den Habsburgern, den Preußen, den Franzosen, den Hannoveranern und auch zu regionalen Fürsten. Innerhalb der 1520 errichteten Festungsmauern, von denen man heute allerdings nichts mehr sieht, befindet sich heute die verkehrsberuhigte Innenstadt. Es lohnt sich daher ein ausgedehnter Spaziergang entlang von schmucken, aus verschiedensten Epochen stammenden Gebäuden und eine Rast in den gemütlichen Cafés, Kneipen oder Restaurants.

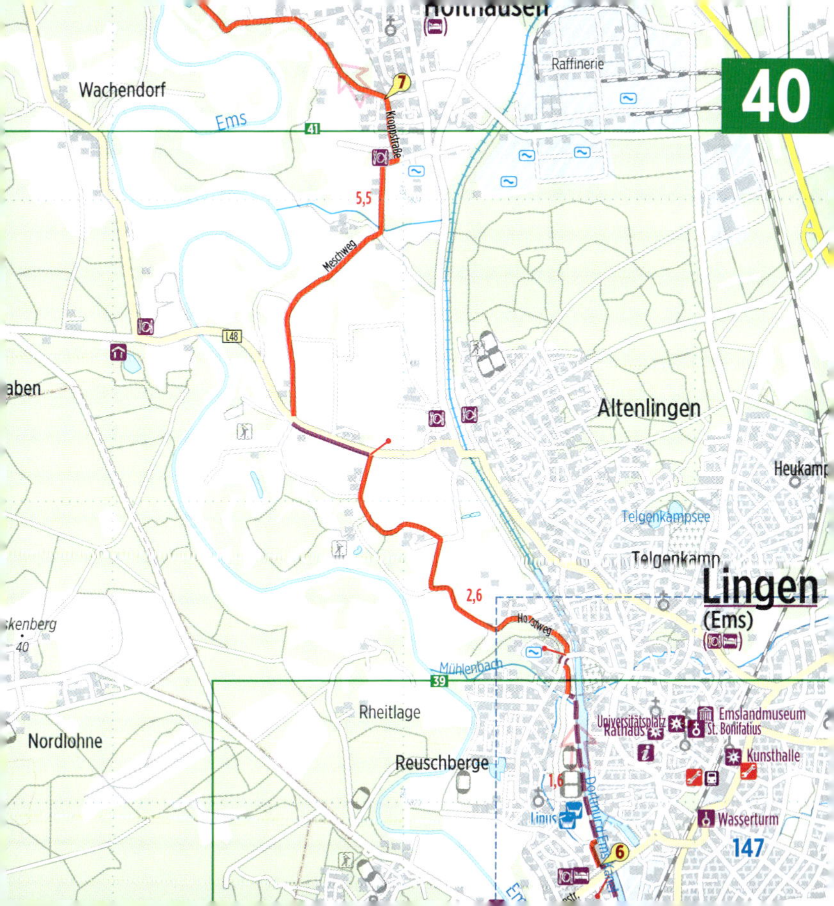
40
Wachendorf
Ems
41
Kroppstraße
Raffinerie
5,5
Meschweg
L48
aben
Altenlingen
Heukamp
Telgenkampsee
Telgenkamp
Lingen
(Ems)
2,6
Horstweg
Mühlenbach
39
kenberg
40
Nordlohne
Rheitlage
Reuschberge
Universitätsplatz
Rathaus
Emslandmuseum
St. Bonifatius
Kunsthalle
1,6
Linus
Dortmund-Ems-Kanal
Wasserturm
7
6

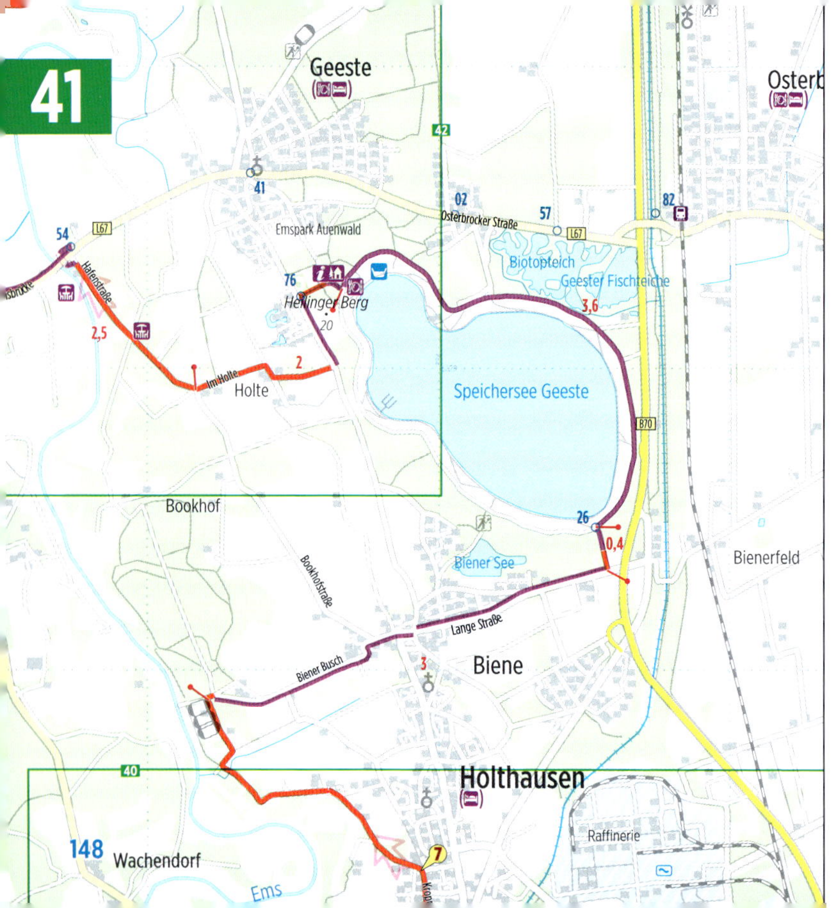

41
Geeste
Osterb
42
41
02
57
82
54
L67
Osterbrocker Straße
L67
Emspark Auenwald
Biotopteich
Geester Fischteiche
Hafenstraße
76
Hellinger Berg
20
3,6
2,5
2
Im Holte
Holte
Speichersee Geeste
B70
Bookhof
26
0,4
Bookhofstraße
Biener See
Bienerfeld
Lange Straße
Biener Busch
3
Biene
40
Holthausen
148
Wachendorf
Raffinerie
Ems
7

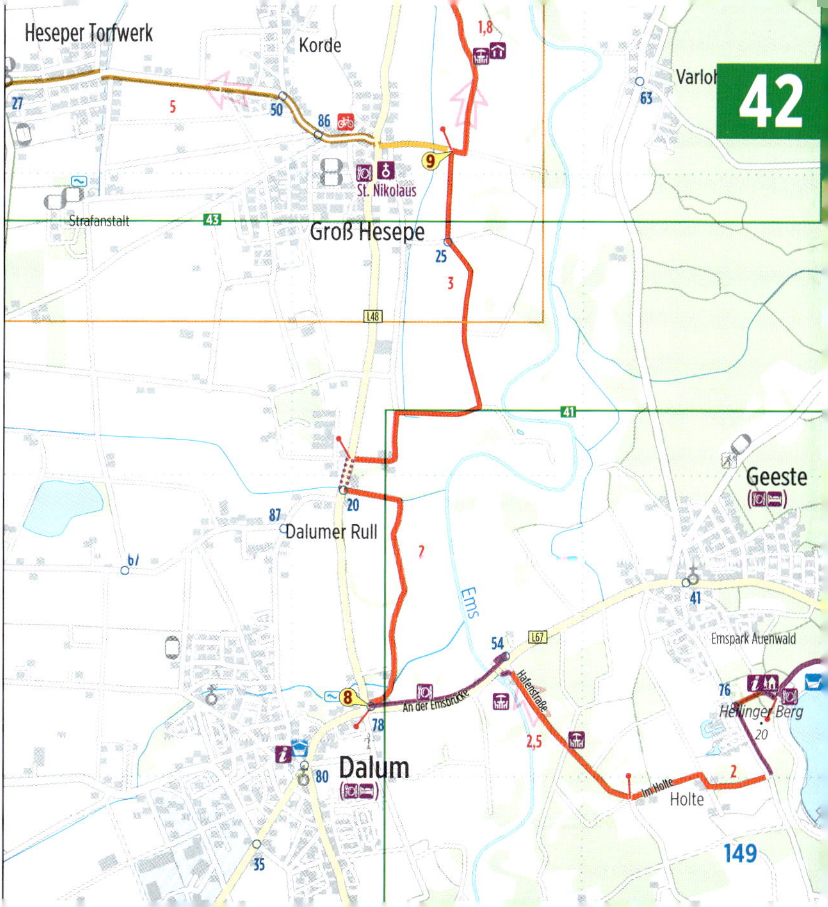
Heseper Torfwerk
Korde
Varloh
42
St. Nikolaus
Strafanstalt
Groß Hesepe
Dalumer Rull
Geeste
Ems
Emspark Auenwald
An der Emsbrücke
Hafenstraße
Im Holte
Holte
Hellinger Berg
Dalum

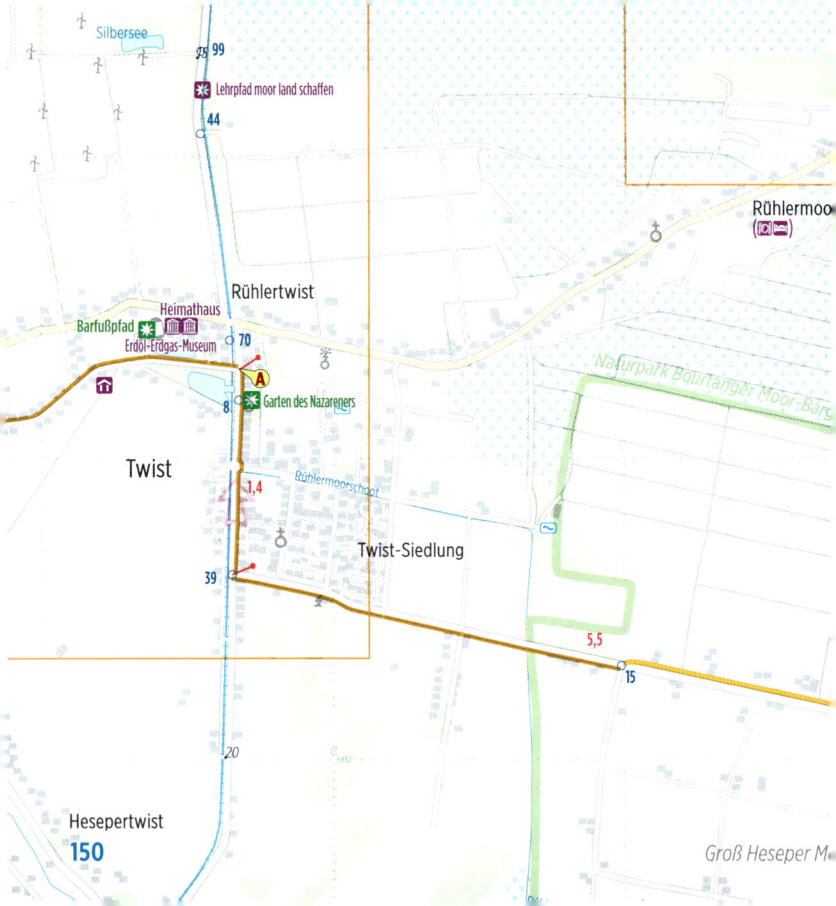

Silbersee
99
Lehrpfad moor land schaffen
44
Rühlermoo
Rühlertwist
Heimathaus
Barfußpfad
Erdöl-Erdgas-Museum
70
A
Garten des Nazareners
8
Naturpark Bourtanger Moor-Barg
Twist
1,4
Rühlermoorschoot
Twist-Siedlung
39
5,5
15
20
Hesepertwist
Groß Heseper M

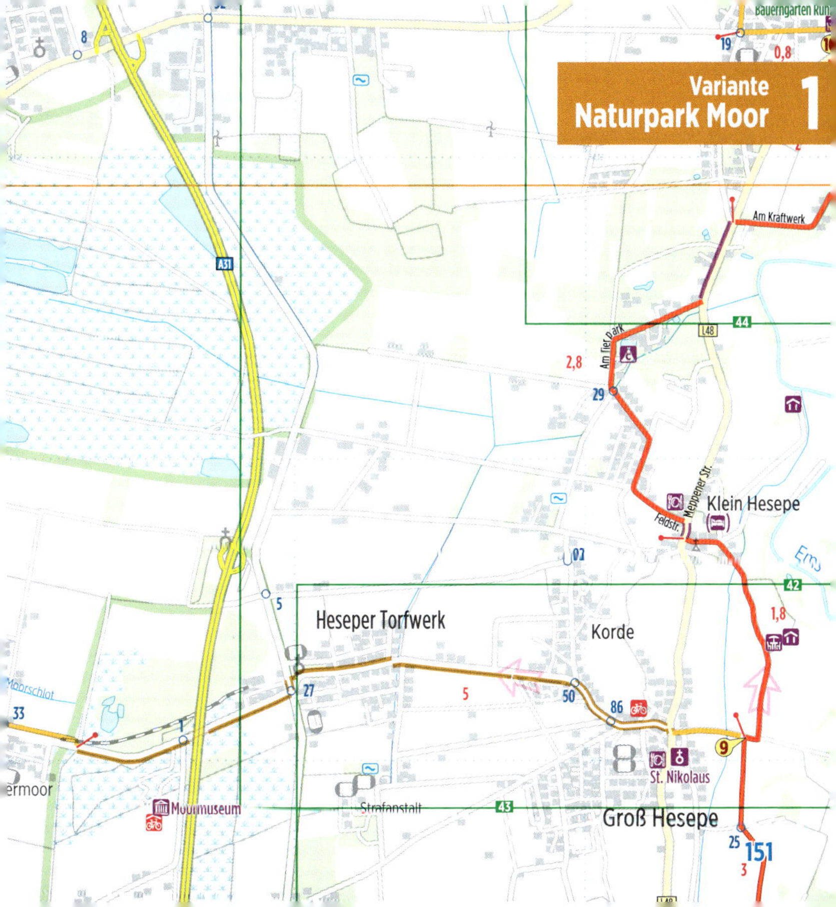

Variante
Naturpark Moor
1
Bauerngarten Run
19
0,8
Am Kraftwerk
44
L48
Am Tier park
2,8
29
A31
8
Meppener Str.
Klein Hesepe
Feldstr.
Ems
42
1,8
5
Heseper Torfwerk
Korde
Moorschlot
33
27
50
86
9
St. Nikolaus
ermoor
Moormuseum
Strafanstalt
43
Groß Hesepe
25
151
3

Zwischen den Flussläufen der Ems und des Dortmund-Ems-Kanals bewegen Sie sich nun auf ruhigen Nebenstraßen und Radwegen weiter nach Norden, radeln eine halbe Runde um den Speichersee in Geeste und überqueren dann schließlich bei Dalum die Ems.

7 Holthausen (Lingen (Ems))

Biene (Lingen (Ems))

Geeste

Informationsbüro am Speichersee Geeste, Biener Str. 13a, ✆ 05907/7445, @ jqx486

Speichersee Geeste. Mit 50 ha Feuchtbiotop, Freizeitanlage mit Strand, Yachthafen, Grillplätzen u. v. m.

8 Dalum (Geeste)

Vorwahl: 05937

Touristikbüro der Gemeinde Geeste, Am Rathaus 3, ✆ 69106, @ pwu478

Hallenbad, Am Rathaus 4, ✆ 69330

Ausgehend von Dalum radeln Sie auf ruhigen Nebenstraßen links der Ems weiter nach Norden, bis Sie in Meppen zurück an den Ausgangspunkt und somit an's Ende Ihrer Radreise gelangen.

Speichersee Geeste

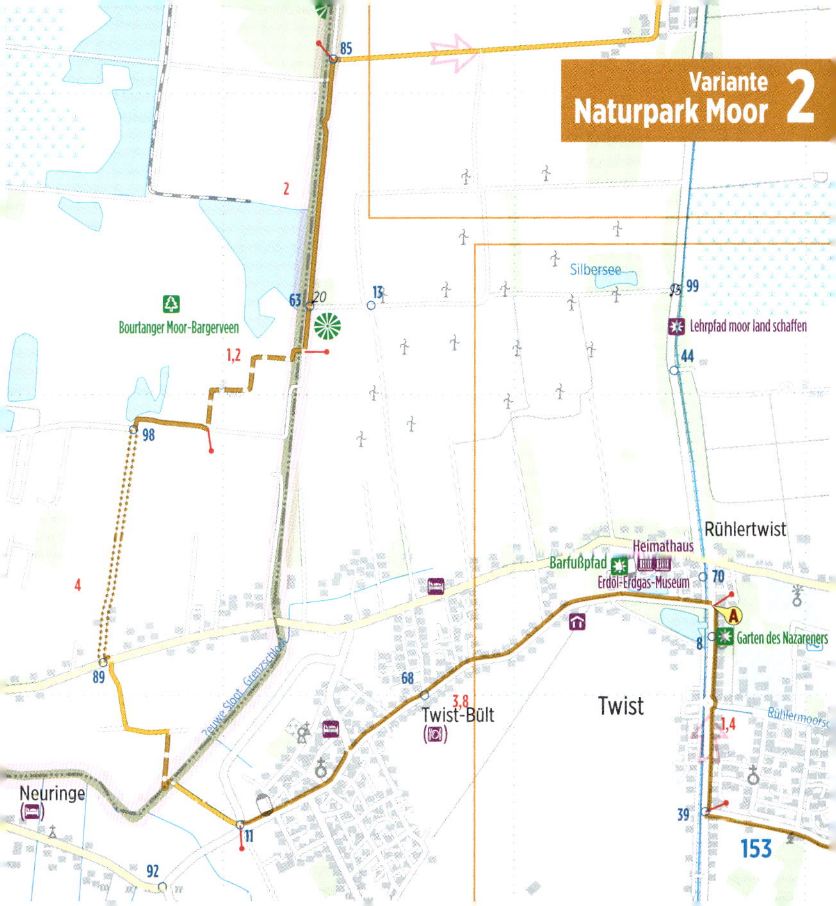

Variante
Naturpark Moor 2
Bourtanger Moor-Bargerveen
Silbersee
Lehrpfad moor land schaffen
Rühlertwist
Heimathaus
Barfußpfad
Erdöl-Erdgas-Museum
Garten des Nazareners
Twist
Twist-Bült
Neuringe
Zeuwe Sloot
Grenzschloot
Rühlermoorsc
85
63
20
13
99
44
98
89
70
8
68
11
92
39
2
1,2
4
3,8
1,4

9 Groß Hesepe (Geeste)

St. Nikolaus. Die gotische Hallenkirche aus dem 13. Jh. birgt im Inneren wertvolle Kunstschätze, u. a. einen spätbarocken Hochaltar und gotische Deckenmalerei.

VARIANTE Für alle, die im letzten Streckenabschnitt noch Lust und Laune auf ein wenig mehr haben, bietet sich die Variante in den Naturpark Moor an. Biegen Sie dafür bei Groß Hesepe **9** nach Westen ab und radeln Sie bis an die niederländische Grenze in's Bargerveener Moor.

Heseper Torfwerk (Geeste)

Vorwahl: 05937

Emsland Moormuseum, Geestmoor 6, 3,5 km westlich vom Ort, ✆ 709990. Alles über die Tradition und Lebensbedingungen im Moor, von den ersten Siedlern bis zum industriellen Torfabbau. In zwei modernen Ausstellungshallen werden Maschinen, Filmdokumente, Karten und vieles mehr gezeigt, auch der größte Tiefpflug der Welt ist zu sehen. Im Außenbereich führen

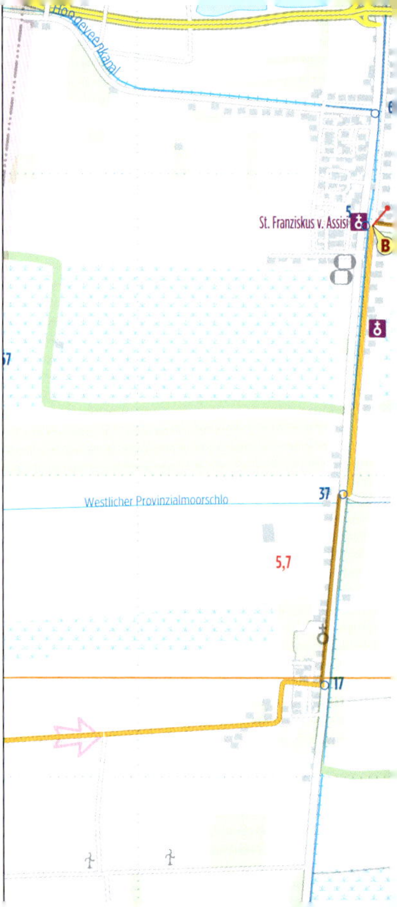

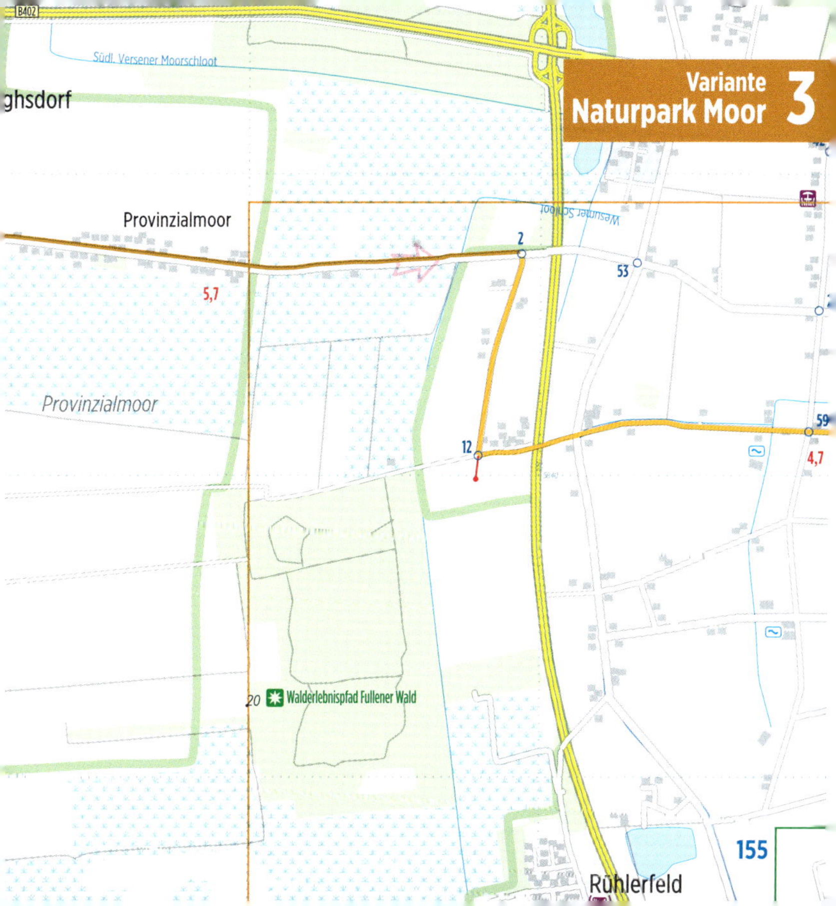
B402
Südl. Versener Moorschloot
ghsdorf
Variante
Naturpark Moor
3
Provinzialmoor
Wesumer Schloot
2
53
5,7
Provinzialmoor
12
59
4,7
20
Walderlebnispfad Fullener Wald
Rühlerfeld

Holzbohlenwege durch die ca. 20 ha große Hochmoorfläche. Ein Siedlerhof und ein Museumscafé komplettieren das reichhaltige Museumsangebot. @ tqi414

A Twist

Vorwahl: 05936

Erdöl-Erdgas-Museum, Flensbergstr. 13, ☎ 933082 Das Museum zeigt den Weg von der Entstehung von Erdöl und Erdgas bis hin zur Förderung. @ nea752

Heimathaus Twist, Flensburgstr. 11, ☎ 2151. Das Heimathaus Twist ist mit seinem Musikprogramm (Blues, Rock, Folk) weit über die Grenzen des Emslandes bekannt, wird gar als „Bluesmekka" bezeichnet. @ gss274

Barfußpfad, Am Hallenbad 3. Der 300 m lange Pfad vermittelt den nackten Füßen vielfältigste Eindrücke.

Garten des Nazareners, Am Kanal 44, ☎ 2374. Der frei zugängliche Garten ist nach dem Vorbild mittelalterlicher Klostergärten gestaltet. Führungen sind nach Vereinbarung möglich. @ btc538

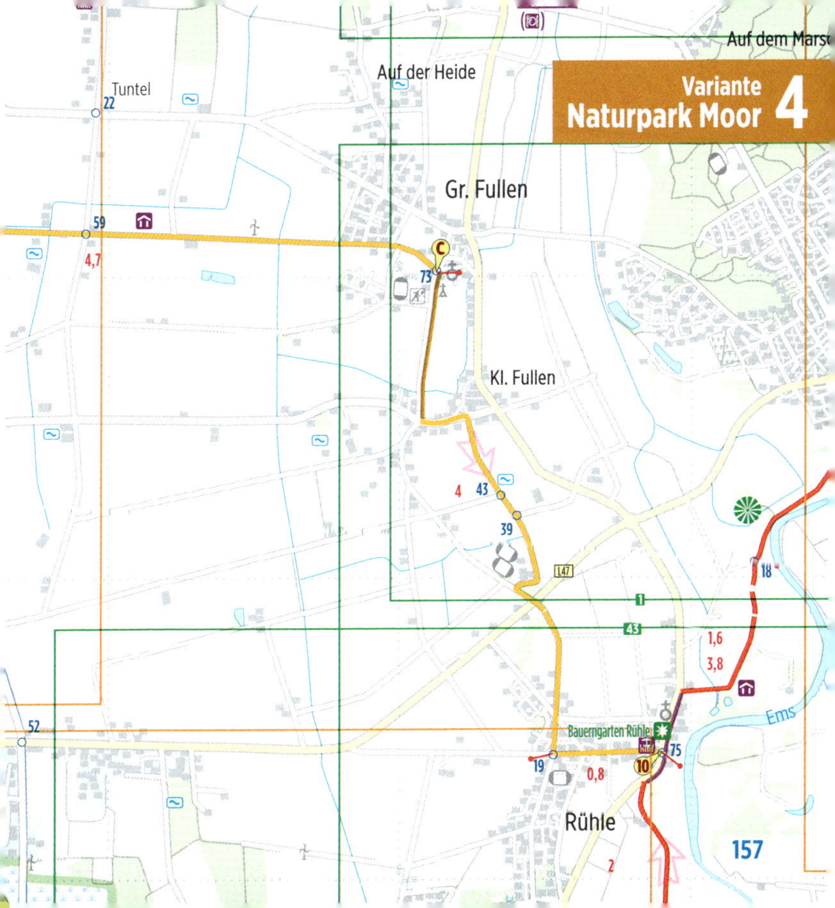
Variante
Naturpark Moor
4
Auf dem Marsc
Auf der Heide
Tuntel
22
59
4,7
Gr. Fullen
C
73
Kl. Fullen
4
43
39
L47
1
43
18
1,6
3,8
Ems
52
Bauerngarten Rühle
75
19
10
0,8
Rühle
2

Im Naturpark Moor

In der heutigen Gemeinde Twist entstanden etwa ab 1775 die ersten Siedlungen. Die schwierigen Lebensbedingungen in dem recht unfruchtbaren Hochmoorgebiet verbesserten sich Ende des 19. Jahrhunderts mit der Trockenlegung des Moores durch den Süd-Nord-Kanal, der damals über 7 Schleusen verfügte und schiffbar war. Ein wirtschaftlicher Aufschwung der Region begann in den 1950er Jahren mit der Erschließung der Erdölvorkommen. Auch wenn viele Förderquellen heute stillgelegt sind, die Förderpumpen prägen weiterhin das Ortsbild.

Bült (Twist)

Internationaler Naturpark Bourtanger Moor-Veenland, ✆ 05931/9250977. Die an Hünengräbern reiche Gegend mit ihren Wäldern, Moor- und Heidegebieten eignet sich gut für Wander- oder Radtouren. Sie gilt als größtes zusammenhängendes Moor in Mitteleuropa. @ ktt528

B Schöninghsdorf (Twist)

St. Franziskus. Mit einer imposanten Christusfigur und schöner Deckengestaltung.

Moorkirche. Die Jugendstilkirche wurde im Jahre 1907 errichtet. Seit 2019 ist die

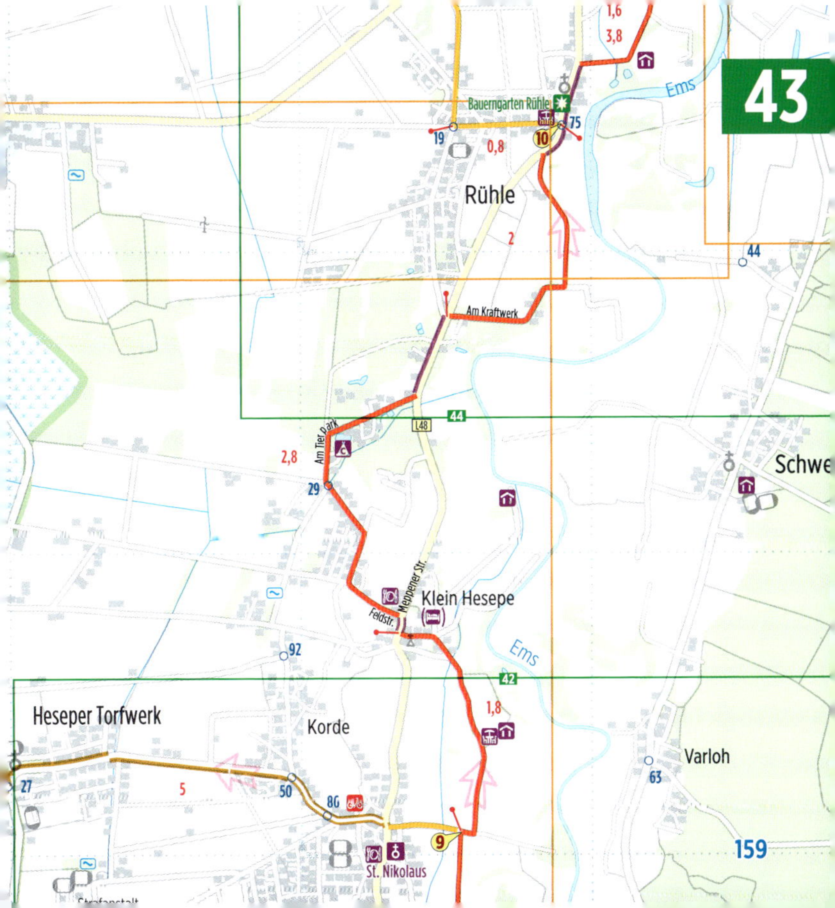
43
Bauerngarten Rühle
Rühle
Am Kraftwerk
Am Tierpark
Meppener Str.
Feldstr.
L48
Klein Hesepe
Ems
Ems
Schwe
Heseper Torfwerk
Korde
Varloh
St. Nikolaus
1,6
3,8
0,8
2
2,8
1,8
5
19
75
10
44
44
29
92
42
27
50
86
9
63

Marktplatz mit Gymnasialkirche, Meppen

Kirche geschlossen. Die weitere Nutzung des Gebäudes ist unklar.

C Groß Fullen (Meppen)

Walderlebnispfad Fullener Wald, Jägerstr., 8 km westl. von Meppen. In einem knapp 300 ha großen Waldgebiet sind der 2,5 km lange Fullener Waldweg und der gleich lange Moorweg mit vielen Infos für Groß und Klein ausgestattet.

Klein Hesepe (Geeste)

10 Rühle (Meppen)

Bauerngarten Rühle, Franziskuspl. Der in 16 Parzellen eingeteilte Garten wird von den Heimatfreunden Rühle verpachtet. Die frei zugängliche Anlage ist ein idyllischer Treffpunkt für den Ort und zugleich mit der Schutz- und Rasthütte und der E-Bike-Ladestelle ein schöner Rastplatz für Fahrradfahrer.

11 Meppen

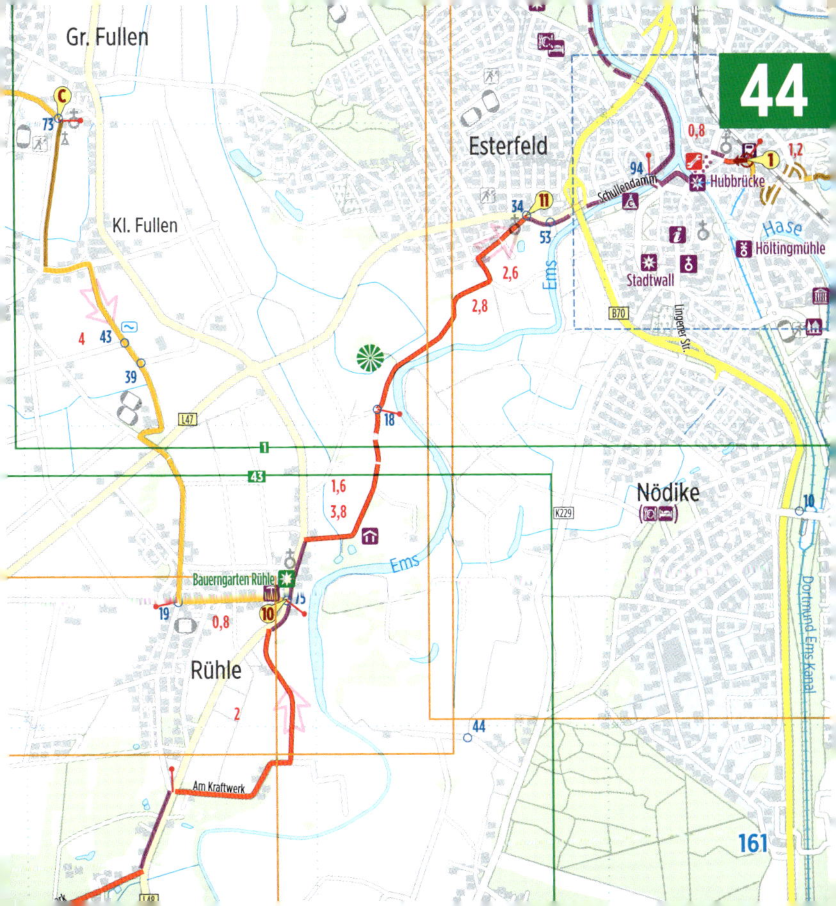

44
Gr. Fullen
Kl. Fullen
Esterfeld
Schullendamm
Hubbrücke
Hase
Höltingmühle
Stadtwall
Ems
B70
Lingener Str.
L47
Nödike
K229
Bauerngarten Rühle
Rühle
Am Kraftwerk
Dortmund Ems Kanal
0,8
1,2
2,6
2,8
1,6
3,8
0,8
2
4

Übernachtungs- und Serviceverzeichnis

Übernachtungsadressen

Dieses Verzeichnis beinhaltet folgende Übernachtungskategorien:

Kategorien

- i Tourist-Information
- H Hotel
- Hg Hotel garni
- Gh Gasthof, Gasthaus
- P Pension, Gästehaus
- Pz Privatzimmer
- Ho Hostel
- Mo Motel
- NF Naturfreundehaus
- AH Apartmenthotel
- B&B Bed and Breakfast
- B Bungalow
- Fw Ferienwohnung (Auswahl)
- Bh Bauernhof
- Hh Heuhotel
- S Sonstiges
- Jugendherberge, -gästehaus
- Campingplatz
- Zeltplatz (Naturlagerplatz)

Die Auflistung stellt keine Empfehlung einzelner Betriebe dar und erhebt keinen Anspruch auf Vollständigkeit. Um das Verzeichnis stets aktuell zu halten, sind wir für Mitteilungen bezüglich Änderungen jeder Art dankbar. Der einfache Eintrag erfolgt für die Betriebe natürlich kostenfrei, aus Platzgründen können wir diesen allerdings nicht garantieren. Vor allem in Tourismusgebieten

Alle mit dem Bett+Bike-Logo (☉) gekennzeichneten Betriebe erfüllen die vom ADFC vorgeschriebenen Mindestkriterien als „Fahrradfreundliche Gastbetriebe" und bieten darüber hinaus so manche Annehmlichkeit für Radfahrer. Detaillierte Informationen finden Sie unter ***www.bettundbike.de***.

mit großem Übernachtungsangebot muss die Liste aus Platzgründen automatisiert leicht gekürzt werden.

Kennzeichnung

I Preiskategorie unter € 25,-
II Preiskategorie € 25,- bis € 35,-
III Preiskategorie € 35,- bis € 50,-
IV Preiskategorie € 50,- bis € 70,-
V Preiskategorie € 70,- bis € 100,-
VI Preiskategorie über € 100,-
o.F. kein Frühstück angeboten
HP mit Halbpension
nur Zimmer mit Etagenbad
Bett+Bike Betrieb
2.5 Entfernung vom Weg in Kilometer Luftlinie

Preise

Die Preise gelten als Richtwert pro Person in einem Doppelzimmer mit Dusche oder Bad inkl. Frühstück.

Die angegebenen Preiskategorien entsprechen dem Stand des Erhebungs- bzw. Überarbeitungszeitraumes und können sich von den tatsächlichen Preisen unterscheiden. Besonders während Messezeiten, aufgrund von unterschiedlichen Zimmertypen und nicht zuletzt saisonal bedingt sind preisliche Schwankungen möglich.

Radwerkstätten u. -vermietung

Fahrradwerkstatt
Fahrradvermietung
Servicestation od. -automat
E-Bike Ladestation
E-Bike Verleih
abschließbare Abstellanlagen

Entfernung

Die blaue Zahl (2.5) beim Betrieb gibt die Entfernung zur Route in Kilometern an. Bitte beachten Sie, dass sich diese Zahl auf die Luftlinie bezieht, ohne Berücksichtigung der Höhenmeter und der tatsächlichen zurückzulegenden Strecke.

Updates

Aktuelle Korrekturen zum Übernachtungsverzeichnis erhalten Sie über das LiveUpdate auf www.esterbauer.com.

Meppen

Vorwahl: 05931

Tourist-Information Meppen (TIM) e.V., Markt 4, ✆ 153153 0.5

H Parkhotel Meppen, Lilienstr. 21, ✆ 97900, III-IV 0.5

H Pöker, Herzog-Arenberg-Str. 15, ✆ 4910, III-IV 0

H Schmidt am Markt, Markt 17, ✆ 98100, III-IV 0.5

H Von Euch, Kuhstr. 21-25, ✆ 4950100, III-IV 0.5

Jugend- und Kulturgästehaus Meppen, Helter Damm 1, ✆ 8838780, III 1

Knaus Campingpark Meppen, An der Bleiche 1a, ✆ 8811848 0

Augustin Mobile, Schützenstr. 91, ✆ 93500 0

Der Fahrradladen Janknecht, Burgstr. 3-8, ✆ 12261, ✆ 89557 0.5

Haren (Ems)

Vorwahl: 05932

Tourist-Information, Neuer Markt 3, ✆ 71313 0.5

H **Greive, Mittelstr. 9, ✆ 72770, III** 0.5

Gh Bender, Süd-Nord-Str. 8, ✆ 1440, ✆ 0173/2672362, III 5

P Haus Emsblick, Nikolausweg 15, ✆ 3484, II 0.5

KNAUS Campingpark Haren, Kirchstr. 52, ✆ 7338977 0.5

Fietsenhuus Haren, Nordstr. 14, ✆ 2244 0.5

Hilter (Lathen)

Vorwahl: 05933

Hg Hilter Mühle, Hilter Berg 5, ✆ 8891, ✆ 4960, III 2.5

Lathen

Vorwahl: 05933

Gäste-Info-Service Lathen, Erna-de-Vries-Pl. 5, ✆ 6647 0

H Lathener Marsch, Marschstr. 4, ✆ 934510, IV 0

Hg Forsthaus, Niederlangener Str. 4, ✆ 8815, II 0.5

P Biker-Stop Müller, Fehnring 28, ✆ 923798, ✆ 0151/21391156, II 1.5

B&B Welcome Inn, Emsstr. 8, ✆ 923310, ✆ 0152/08993367, III 0

Wila-Technik, Molkereistr. 2, ✆ 0173/8091298 0

Zweirad Thesing, Meppener Str. 2, ✆ 225 0

Walchum

Vorwahl: 04963

Campingplatz Cremering, Steinbilder Str. 60, ✆ 1256 0

Marinapark Emstal, Steinbilder Str. 80, ✆ 9166644, ✆ 9166644 0

B Seepark Eiken, Hasselbrocker Str. 91, ✆ 05939/284 2.5

Dersum

Vorwahl: 04963

H Zur Silbernen Gans, Hauptstr. 24, ✆ 1717 0.5

Dörpen

Vorwahl: 04963

i Samtgemeinde Dörpen, Hauptstr. 25, ✆ 4020 0.5

H Akzent Hotel Borchers, Neudorpener Str. 48-52, ✆ 91930, III 1.5

H Emsländer Hof, Heeder Str. 65, ✆ 8969, III 0

H Westhus, Heeder Str. 66, ✆ 1751, III 0

Ferien Hopster, Josefstr. 55, ✆ 687 0

Zweirad Hackmann, Osteck 1, ✆ 905630 1.5

Heede (Ems)

Vorwahl: 04963

i Gemeindeverwaltung Heede, Am Markt 6, ✆ 8906 0

B&B Radler Scheune Heede, Kirchstr. 22,

✆ 306549, III ⊕ 0

H Zur Linde, Dörpener Str. 1, ✆ 91690, III ⊕ 0

Fw Mauer, Mühlenstr. 3, ✆ 990570, II-III ⊕ 1

Campingpark Eden, Hermann-Abels-Str. 20, ✆ 916171 2.5

Campingplatz Kreuter, Emsstr. 12, ✆ 919715 0

Rhede (Ems)

Vorwahl: 04964

i Touristikagentur, Emsstr. 15, im Landwirtschaftsmuseum, ✆ 1800 0.5

Gh Kassens, Borsum Dorfstr. 6, ✆ 239, II 0

Gh Landhotel Vosse-Schepers, Emsstr. 6, ✆ 04963/275, II-IV ⊕ 0

Gh Prangen, Kirchstr. 25, ✆ 215, II ⊕ 0.5

Tunxdorf (Papenburg)

Vorwahl: 04961

Camping-Tunxdorfer-Berge, Tunxdorfer Str. 16, ✆ 04962/390 0

Aschendorf (Ems) (Papenburg)

Vorwahl: 04962

P Landhaus Riedel, Bokeler Str. 75, ✆ 309, III 1

Fw Nordhaus, Nordstr. 10, ✆ 0172/3213266 0.5

Papenburg

Vorwahl: 04961

i Tourist-Information Meyers Mühle, Hauptkanal rechts 34, ✆ 83960 0

H Alte Werft, Ölmühlenweg 1, ✆ 9200, IV-V 0

H Aquamarin, Feilings Goarden 7, ✆ 66450, III-IV 0.5

H Kedi, Deverweg 33-37, ✆ 940970, IV 0.5

H Park Inn by Radisson Papenburg, Hauptkanal rechts 7, ✆ 66400, III-IV 0

H Stubbe, Dieckhausstr. 122, ✆ 2180, III ⊕ 2

H Walker, Borkumer Str. 36, ✆ 2502, II ⊕ 0.5

Hh Heuhotel & Ferienhof Schräder, Lerchenweg 14, ✆ 7985, I-IV ⊕ 2

Jugendgästehaus Johannesburg, Kirchstr. 38, ✆ 809710, II-III ⊕ 0

Campinplatz Papenburg, Zum Poggenpoel 101, ✆ 974026 1.5

Das kleine Radhaus, Friederikenstr. 114, ✆ 8340885 0

GZM-Zweiradmarkt, Von-Herz-Str. 9, ✆ 992245 0.5

Obenende (Papenburg)

Vorwahl: 04961

H Centralhof Hannen, Mittelkanal rechts 66/67, ✆ 73441, III 0

H Engeln, Mittelkanal rechts 97, ✆ 8990, IV 0

H Hilling, Mittelkanal links 94, ✆ 97760, IV 0

P Sporthotel Papenburg, Barenbergstr. 75, ✆ 6642466, III-II 1

P Stövchen Café Hotel R-Events, Splitting Links 32, ✆ 76326, III-IV 0

Fahrzeughaus Meyer, Splitting rechts 48, ✆ 73470 0

Bockhorst

Vorwahl: 04967

Fw Albers, Am Sportpl. 2, ✆ 1293, II 1.5

Esterwegen

Vorwahl: 05955

Info-Zentrum Esterwegen, Dorfpl. 2, ✆ 902378, ✆ 0173/5841516 0.5

H Graf Balduin, Am Sportpark 1, ✆ 20200, III-IV 0.5

P Pension Otten, Alte Schulstr. 8, ✆ 1304, II 1

Lorup

Gh Zum Käpt'n, Rastdorfer Str. 2, ✆ 05954/752, III 0

Werlte

Vorwahl: 05951

Samtgemeinde Werlte, Marktstr. 1, ✆ 20157 0

H African Sky Hotel, Harrenstätter Str. 64-66, ✆ 987760, IV-V 0.5

H Stay Easy, Wehmer Str. 19, ✆ 4619394, II 0.5

Mo Am Bürgerpark, Wehmer Str. 35, ✆ 9947110, III

S Camping Hümmlinger Land, Rastdorfer Str. 80, ✆ 5353 0.5

FM-Bikes, Schlosserstr. 36, ✆ 9893590 1

Börgerwald (Surwold)

Vorwahl: 04965

H Waldhotel Surwold, Waldstr. 30, ✆ 91390, III 0

Camping Surwold, Waldstr. 26, ✆ 9083661, ✆ 01520/3628233 0.5

Sögel

Vorwahl: 05952

Tourist-Information Sögel, Am Markt 2, ✆ 206400 0

H Clemenswerther Hof, Clemens-August-Str. 33, ✆ 1230, III 0

H Wobus Jägerhof, Jägerhof 3, ✆ 541, III 2.5

Bikepark Koopmann, Püttkesberge 1, ✆ 200480 1.5

Knüller, Kolpingstr. 6, ✆ 990994 0

Haselünne

Vorwahl: 05961

- i Tourist-Information, Rathauspl. 1, ✆ 509320 0
- Hg **Burghotel, Steintorstr. 7, ✆ 94330, IV-V** 0.5
- Hg Tau Lünne, Löninger Str. 26, ✆ 4091, III 0.5
- P Ferienhof Dröge Polle, Poller Str. 19, ✆ 5375, II 2
- Comfort Camping, Am Campingpl. 1, ✆ 1331 0
- In der Muhne, Lingenerstr. 22a, ✆ 509320 0
- Fahrrad Beelmann, Bahnhofstr. 4, ✆ 260 0.5
- Zweirad Placke, Lingener Str. 5, ✆ 4231 0.5

Lehrte (Haselünne)

Vorwahl: 05961

- H Landgasthof Redeker, Laurentiusstr. 2, ✆ 958400, III-IV 0.5
- Gh Vennemann, Laurentiusstr. 6, ✆ 5192, II-III 0
- Fw Seitz, Schulstr. 3, ✆ 6462, ✆ 0174/6676610, I-II 0

Herzlake

Vorwahl: 05962

Gemeinde Herzlake, Neuer Markt 4, ✆ 880 0.5

Flora, Zuckerstr. 43, ✆ 2015, III-IV 0

Menke, Hasestr. 1, ✆ 628, III 0

Der Radspezi, Löninger Str. 32, ✆ 871393 0.5

Aselage (Herzlake)

Vorwahl: 05962

Aselager Mühle, Zur Alten Mühle 12, ✆ 93480, V-VI 0

Löningen

Vorwahl: 05432

Stadtmarketing, Langenstr. 38, ✆ 80370 0.5

Altes Gasthaus Stover, Böener Str. 2, ✆ 94400, III 0.5

Deutsches Haus, Langenstr. 14, ✆ 94560, III 0

Franziskaner am Markt, Poststr. 10, ✆ 2518, III 0.5

Rüwe, Kurt-Schmückler-Pl. 10, ✆ 94200, III 0

City Ferienwohnungen, Südtangente 4, ✆ 904500, ✆ 0179/8208599, II 0

Am Wellenfreibad, Angelbecker Str. 5, ✆ 3430, ✆ 94100. Tageszelt- und Campingplatz am Freibad für Gruppen bis 5 Personen. 0.5

Der Fahrradladen, Langenstr. 59, ✆ 902106 0.5

Scooter & Bike, Bremer Str. 38, ✆ 807794 1

Dohren

Zur Alten Molkerei, Mittelstr. 12-14, ✆ 05962/797, IV 1

Lengerich (Emsland)

Vorwahl: 05904

Samtgemeinde Lengerich, Mittelstr. 15, ✆ 93280 0.5

Völker Dröge, Mittelstr. 3, ✆ 340,

☎ 0151/70800471, o.F., II 0.5

Camping Saller See, Am Saller See, ☎ 932829, ☎ 0170/8786684 0.5

Andervenne

Gh Rolfes, Frerener Str. 9, ☎ 05902/236, II 0.5

Freren

Vorwahl: 05902

H Emsland Hotel Saller See, Am Saller See 3, ☎ 9184540, III 1

Hg Deula, Bahnhofstr. 25, ☎ 93390, III 0

Campingplatz Waldesruh, Zu den Hünensteinen 6, ☎ 273, ☎ 0163/1405679 0.5

Spelle

Vorwahl: 05977

i Samtgemeinde Spelle, Hauptstr. 43, ☎ 9370 0

H Krone, Bernard-Krone-Str. 15, ☎ 93920, III 0.5

Gh Zum Waldwinkel, Waldstr. 1, ☎ 270, ☎ 0173/5188154 1

Fw Landhaus An der Aa, Bernard-Krone-Str. 12, ☎ 1439, I-II 0.5

Venhaus (Spelle)

H Spieker-Wübbel, Dorfstr. 18, ☎ 05977/231, III-IV 0.5

Altenrheine (Rheine)

Vorwahl: 05971

H Altes Gasthaus Rielmann, Bergstr. 229, ☎ 98780, III 0.5

H Borchert, Hopstener Damm 260, ☎ 98960, III 0.5

H Landhotel Hopster, Alte Hopstener Str. 26, ☎ 961620, III 1

Radsport Laurenz, Edisonstr. 7, ☎ 8019010 0.5

Eschendorf (Rheine)

Vorwahl: 05971

Radsport Frieling, Amselstr. 12, ☎ 83434 1.5

Rheine

Vorwahl: 05971

i Rheine. Tourismus. Veranstaltungen. e. V., Bahnhofstr. 14, ☎ 800650 0.5

H Altstadt, Tiefe Str. 30-32, ☎ 804040, IV 0.5

H City-Club, Humboldtpl. 8, ☎ 80800, III-IV 0

H Freye, Emsstr. 1a, ☎ 899260, III 0.5

H Lücke, Heiliggeistpl. 1a, ☎ 16180, IV 0

H Tristan Grün, Neuenkirchener Str. 254, ☎ 913304, o.F., II-III 2

H Zum alten Brunnen, Dreierwalder

Str. 25/27, ✆ 961715, IV 0

R(h)eine Räder, Am Thietor 5-7, ✆ 8002680 0.5

Radprofi Roters, Osnabrücker Str. 91, ✆ 66433 0

Radstation am Bahnhof, Am Hauptbahnhofe 6, ✆ 162903 0.5

Räder & Mehr, Salzbergener Str. 123, ✆ 4010467 0.5

Bentlage (Rheine)

Vorwahl: 05971

H Gottesgabe, Salinenstr. 101, ✆ 13205, IV-V 1

Hg Kloster Bentlage Rheine, Bentlager Weg 130, ✆ 918468, ✆ 918400, III 0.5

Salzbergen

Vorwahl: 05976

i Gemeinde Salzbergen, Franz-Schratz-Str. 12, ✆ 94790 0.5

H Bolte, Bahnhofstr. 23, ✆ 344480, IV 0.5

H Hotel zur Ems, Emsstr. 12, ✆ 1011, II 0

H Kolping Bildungshaus, Kolpingstr. 4, ✆ 94940 0

Pz Zeuner, Holstener Weg 5, ✆ 7918 1.5

Zur Ems, Emsstr. 12a, ✆ 0174/1635052 0

Emsbüren

Vorwahl: 05903

i VVV Emsbüren e. V., Dahlhok 14, ✆ 935758 0

H Fokus, Schulstr. 6-7, ✆ 93390, III 0

H Landgasthof Evering, Lange Str. 24, ✆ 935500, IV 0

Pz Fw Am Wald, Tietmeyerstr. 9a, ✆ 7266, ✆ 0152/01986759, o.F., I 0.5

Pz Büscherhoff, Haagenkamp 6, ✆ 1029, ✆ 0157/74689794, II 0.5

Pz Eilers, Marienstr. 39, ✆ 7242, III 0

Zum alten Fährhaus, Emsstr. 56, ✆ 207 0

T. Kock, Bahnhofstr. 7, ✆ 6544 0

Zweirad Schülting, Eschstr. 35, ✆ 941132 0.5

Gleesen (Emsbüren)

Vorwahl: 05903

P Querdels Hof & Hofcafe, Gleesener Hauptstr. 2, ✆ 0591/9012956, ✆ 0591/3848, II 0

Fw Deiters, Zur Gleesener Schleuse 1, ✆ 0591/2275, ✆ 0151/59944168, I-II 0

Hein, Zur Hesselter Schleuse 2, ✆ 0176/24456308 1

Hanekenfähr (Lingen (Ems))

Vorwahl: 0591

H Am Wasserfall, Am Wasserfall 2, ✆ 8090, IV 0.5

Am Wasserfall, Am Wasserfall 2, ✆ 8090 0.5

Nordhorn

Vorwahl: 05921

i Grafschaft Bentheim Tourismus, Nino-Allee 2, ✆ 961196 0.5

i VVV-Stadt- und Citymarketing, Firnhaberstr. 17, ✆ 80390 0.5

H Am Stadtring, Stadtring 33, ✆ 88330, IV-V 0.5

H Bonke, Stadtring 58, ✆ 17330, II-III 0.5

H In-Side-Hotel, Bernhard-Niehusstr. 12, ✆ 89860, IV 0.5

H Rammelkamp, Lingener Str. 306, ✆ 35201, III 3

H Riverside, Heseper Weg 40, ✆ 819810, IV-V 0.5

Ho Move Inn, Am Sportpark 9, ✆ 8191211, III 1

Fw Ferienhaus Bisonblick, Heseper Weg 110, ✆ 7120020, IV 1

Fw Ferienhaus Storchennest, Menkenweg 19, ✆ 7120020, III-IV 1

Fw Grafschaft, Ootmarsumer Weg 226, ✆ 3046632, ✆ 0160/2846352, IV 3

Breer, Veldhauserstr. 30, ✆ 320175 1

City-Bike, Lingener Str. 82, ✆ 858990 0

Flotte Fietse, Veldhauser Str. 167,

✆ 320707 2

Kamps, Denekamper Str. 105, ✆ 14933 2

Peinert, Bentheimer Str. 19, ✆ 888830 0.5

Winkelmann, Gildehauser Weg 116a, ✆ 5254 2.5

Schepsdorf (Lingen (Ems))

Vorwahl: 0591

H Hubertushof, Nordhorner Str. 18, ✆ 912920, III 1

H Waldhotel, Lohner Str. 1, ✆ 800310, II-III 1.5

Gh Zum Berge, Nordhorner Str. 15, ✆ 3414, III 1

S Kanu-Camp Lingen (Ems), Nordhorner Str. 1b, ✆ 831214 1

Krone Radschlag, Nordhorner Str. 22, ✆ 3054 1

Lingen (Ems)

Vorwahl: 0591

i Lingen Wirtschaft & Tourismus GmbH, Neue Str. 3a, ✆ 9144144 0.5

H Altes Landhaus, Lindenstr. 45, ✆ 804090, III-IV 0.5

H Burghotel Lingen, Burgstr. 22, ✆ 05961/9649490, III-IV 1

H Kleines Stadthaus, Schlachterstr. 17, ✆ 6100420, o.F., III 0.5

H Kolpinghaus, Burgstr. 25, ✆ 912070, III 1

H Looken Inn, Bernd-Rosemeyer-Str. 21, ✆ 807300, IV 1

H Zum Märchenwald, Vennestr. 25, ✆ 912840, III 1

Pz Fischer's Hütte Lingen, Strootstr. 29, ✆ 0171/1675919, II 1

Jugendherberge Lingen, Lengericher Str. 62, ✆ 973060, III 4.5

Rad & Roller, Kaiserstr. 14, ✆ 9669433 1

Radel Bluschke, Rheiner Str. 126, ✆ 58090 1

Holthausen (Lingen (Ems))

Vorwahl: 0591

Fw Emsland Appartement, Kroppstr. 7, ✆ 0151/54618643, I-II 0

S Ludwig-Windthorst-Haus, Gerhard-Kues-Str. 16, ✆ 61020, III 0

Geeste

Vorwahl: 05937

i Informationsbüro am Speichersee Geeste, Biener Str. 13a, ✆ 05907/7445 0

H Zur Krone, Osterbrockerstr. 106, ✆ 05907/947690, III 0.5

Jugendhaus am Speicherbecken, Biener

Str. 13, ✆ 05907/7445, II 0

Dalum (Geeste)

Vorwahl: 05937

ℹ Touristikbüro der Gemeinde Geeste, Am Rathaus 3, ✆ 69106 0.5

H Aepken, Wietmarscher Damm 10, ✆ 98750, III-IV 1

Fw Ferienhof Grewe, Mühlenstr. 35, ✆ 8454, ✆ 0176 96023996, I 1.5

Fw Meike, Ilexweg 9, ✆ 0171/4241300, I-II 1

Twist

Vorwahl: 05936

Gh Brand, Alt-Rühlertwist 4, ✆ 93930, II 0.5

Bült (Twist)

Gh Gasthof Backers, Kirchstr. 25, ✆ 05936/904770, IV 0

Klein Hesepe (Geeste)

Vorwahl: 05937

Fw Weberskirch, Neukorde 1, ✆ 1756, I 0

⛺ Camping Heidflach, Am Tierpark 46, ✆ 2142, ✆ 0170/3204918 0

Ortsindex

Die Seitenzahlen ab S. 162 beziehen sich auf das Übernachtungsverzeichnis.